황숙 수상록

보랏빛 예찬

보랏빛 예찬

황숙 수상록

1판 1쇄 인쇄/ 2023년 11월 10일
1판 1쇄 발행/ 2023년 11월 15일

지은이 / 황 숙
펴낸이 / 우희정
펴낸곳 / 도서출판 소소리

등록 / 제300-2007-21호
주소 / 03073 서울 종로구 성균관로 5길 39-16
전화 / 765-5663, 010-4265-5663
e-mail : sosori39@hanmail.net
www.sosori.net

값 14,000원

*잘못된 책은 바꿔드립니다.

ISBN 979-11-5891-190-4 03810

보랏빛 예찬

황숙 수상록

책머리에

보라색.

빨강과 파랑색의 혼합으로 태어난 보라색은 밝음과 어둠, 열정과 냉정, 사랑과 미움, 이상과 현실, 삶과 죽음, 이런 것들이 혼융되어 초월한 색입니다.

좋아서 하는 일과 의무와 책임 때문에 하는 일이 동아줄처럼 꼬여서 일상이 되지요. 그래서 삶은 보라색입니다. 찬란한 보라색입니다. 버거운 삶일지언정 참고 견디면, 찬찬히 응시하면 씁쓰름하면서도 달큼한 보랏빛입니다.

해서 환상적인 색깔 보라색이 고난을 상징하기도 합니다. 고난주간이 시작되면 예배당 강대상의 휘장과 목사님 예복 위에 걸치는 긴 띠가 보라색으로 바뀝니다. 아름다운 진보라색을 응시하며 예수님의 고난을 묵상하는 나는 삶과 죽음의 신비로움에 좀 더 다가갑니다. 삶과 죽음도 이어져 하나가 될 수 있고 그 정황을 색으로 표현하면 보랏빛이 될 수 있을까요?

'무릇 색깔이 빛을 낳고, 빛이 빛깔을 낳으며, 빛깔이 찬란함을 낳고, 찬란한 후에 환히 비치게 되니, 환히 비친다는 것은 빛과 빛깔이 색깔에서 떠올라 눈에 넘실거리는 것이다.'라는 연암 선생의 말씀을 빌어 보랏빛과 보라색을 이어 봅니다.

　내게 글쓰기는 분망함과 혼돈 속에서 허우적거리다 얼룩을 지우듯 엉켜진 실타래를 풀듯, 인식이 명료해지고 가지런해지는 과정입니다. 구겨지고 주름진 양심이 펴지며 내가 나의 주인이 되어갑니다. 생각이 글자를 통하여 고정되면서 질서를 되찾습니다. 그리고 작은 사건일지라도 스스로의 판단을 거치므로 가치가 정립되어 개운해집니다. 이렇게 정리된 작품은 내게서 떠나고 나는 꽃잎처럼 가벼워집니다.
　작은 향기라도 독자 여러분께 다가갈 수 있다면 큰 기쁨이고 보람이겠습니다.

2023년 9월

저자 황 숙

▷ 차 례

▷ 책을 내면서

1. 보랏빛 예찬

보랏빛 예찬 —·13

모항에서 —·17

적상산사고를 돌아보고 —·21

주논개와 라합 —·26

박달나무 있는 뜰을 그리며 —·33

미소 —·40

부끄러운 고백 —·44

앎과 삶 사이에서 —·48

수양버들을 보며 —·53

단풍, 이 가을에 눈 뜨게 하다 —·58

2. 만남

만남 —· 65
마음의 크기와 넓이, 깊이 —· 70
어머니의 사랑법 —· 74
옥합을 깨뜨린 여인 —· 80
그해 오월의 행복과 불행 —· 87
모양성에서 만난 그분 —· 91
봄 숲 속, 가을 하늘같은 분들 —· 96
마음으로 볼 수 있는 곳 —· 100
아빠로부터 듣는 음성 —· 106
나의 사랑, 내 그리움 —· 111

3. 사형수의 어머니

가을걷이 —·119
비싼 대가 —·123
갑오동학혁명 유적지를 찾아서 —·127
지금 이 시간이 가장 중요한 때 —·136
달밤, 안개 그리고 노을 —·140
사형수의 어머니 —·145
어린아이의 마음 —·152
신이화 같은 딸에게 —·156
훈련 중인 아들에게 —·159
소암(素巖)을 향한 변명 —·164

4. 보파시장

보파시장 — · 169
막걸리 속의 달을 들이키다 — · 174
베이징 남천주당의 추억 — · 179
초록빛 속에서 — · 186
한국어로 맺어진 정든 친구를 보내며 — · 191
섬진강 따라 평사리에 — · 197
프라하의 천문시계를 보고 — · 203
슬로베니아에서 유송령 신부를 추억합니다 — · 209
맑은 향이 잔에 지는 고을 — · 218
문화의 전승에 대한 짧은 생각 — · 225

1.
보랏빛 예찬

보랏빛 예찬

　하늘을 향하면 오동나무 꽃이요, 고개를 돌리면 라일락입니다. 일어서면 등나무꽃, 다리를 굽혀 앉으면 꽃잔디입니다. 그래서 오동꽃 피는 계절이 오면 내 마음은 꽃가루가 되어 흩날립니다. 어느 곳에든 날아가 내려앉을 듯, 속삭이듯 위무하는 꽃향기이고 싶습니다. 어느 때부터인가 이 세상의 꽃은 어떤 색깔이 가장 많을까 하는 의문을 품어 본 적이 있습니다. 아이에게 크레파스를 펼쳐 주며 꽃을 그려 보라면 어느 색깔을 집어 들까요? 흔히 꽃이라면 빨간색을 떠올리지만 내 마음의 눈에 들어온 색깔은 단연코 보랏빛, 당신이 가장 많았습니다. 발길을 따라 당신을 찾아 나섭니다.
　당신의 옛 이름이던 오동색, 중천에서 향기로 아름다움을 발하는 그 오동꽃. 오월 훈풍에 실려 와 뭇사람들을 놀라게 하는 라

일락. 얇디얇은 이파리 어느 곳의 조화인지, 보랏빛 수줍음으로 피어나서 혼신을 다해 향기를 발하다가 흰 옷으로 갈아입는 쟈스민. 깊은 밤 문득 깨어나면 방안의 당신임을 확인하고 기뻐하고 놀라다가 이내 잠이 주는 편안함 속에 빠져들곤 합니다.

대지의 가슴을 어루만지는 꽃잔디, 콘크리트로 숨 쉴 틈조차 없는 아파트 화단 잡풀 사이에서 튼실한 뿌리를 내려 반갑고 놀랍게 하던 제비꽃. 척박한 도시인의 메마른 삶에 안온함을 안겨 주는 이 계절의 귀한 손님이었습니다. '이 핑계 저 핑계 도라지 캐러간다'는 도라지꽃은 또한 어떻습니까? '혼례'라는 꽃말을 가진 '처녀치마'라는 꽃도 보랏빛이었습니다. 우아한 꽃색을 무색하게 하는 그 이름 '개불알꽃'도 있습니다. 그것은 숲속의 요정처럼 너무 작아 꽃그늘에서나 찾아볼 수 있는 '봄까치꽃'이 본 이름입니다.

지금은 가 볼 수 없는 북녘 땅. 그래서 백두산 자락에서 볼 수 있다는 '비로용담'은 오묘한 보랏빛으로 고이 남겨 두었습니다. 이슬에 함초롬히 젖은 '금강초롱꽃'은 남남북녀가 하나 될 그날을 위해 태어난 꽃임에 틀림없다는 상상도 해 봅니다. '청사초롱'과도 같은 '금강초롱꽃'을 찾아 머지않아 북한 지방의 산속을 더듬어 갈 것입니다.

보랏빛.

그대는 본시 고귀한 자태로 만인의 칭송과 영광을 입었던 자연이 내린 선물입니다. 이 세상 모든 색의 근원인 무지개 일곱 빛의 마지막을 완성했지요. '하늘과 땅 위에서 가장 존귀한 빛깔'이라면 당신을 향한 나의 헌사로서 기쁘게 받아들이겠습니까? 하지만 당신은 본래 한정짓고 분파를 만들지 않는 분입니다. 누구에게나 아낌없이 베풀고, 향유하는 자 누구든지 사랑하는 분이었습니다.

저물녘 먼 산 아래 동네를 감싸고도는 저녁연기 속에, 석양의 끄트머리에서 비치는 빛에 물든 구름 색깔에서, 산그늘이 만들어 내는 분위기 속에, 눈밭에 지는 석양의 그림자 빛에, 노을 진 바닷가에서 바라보는 수평선 언저리의 바닷물 속에 언뜻언뜻 보이기도 합니다. 비가 내리던 어느 해 봄 풋내기 교사 시절 토요일, 출석부 들고 교실 문을 나서면서 보던 비에 젖은 황등 돌산의 언저리에서 당신을 만나기도 했습니다.

당신은 그렇게 머나먼 곳, 희미한 담채화 같은 모습으로만 존재하는 것은 아닙니다. 눈길 닿는 그곳에 손끝 닿는 바로 이곳에서 당신이 베푸는 향연을 누릴 수 있으니까요. 흰색과 구분할 수 없을 만큼의 어렴풋한 보랏빛에서부터 연보라, 진보라, 꽃보라, 청보라에 이르기까지 화분에서 일 년 내내 요술을 부리는 꽃, '바이올렛'에서 만끽할 수 있기 때문입니다. 농담과 청탁의 구분 없이 보랏빛 당신을 사랑하며 당신과 교감하며 나는 새 힘을 얻곤 합니다. 생각과 마음이 정리가 됩니다.

'무릇 색깔이 빛을 낳고, 빛이 빛깔을 낳으며, 빛깔이 찬란함을 낳고, 찬란한 후에 환히 비치게 되니, 환히 비친다는 것은 빛과 빛깔이 색깔에서 떠올라 눈에 넘실거리는 것이다.'라는 연암 선생의 말씀을 빌어 보랏빛과 보라색을 연결합니다.

당신을 향한 사랑은 시간과 공간을 뛰어넘어 기억 속에 각인되어 있습니다. 내 몸에 걸치는 크고 작은 옷에서부터 스카프, 손수건, 심지어는 눈 화장, 속눈썹 색깔에 이르기까지 당신을 향했던 유치함도 고백합니다. 하지만 사랑은 소유가 아니듯이, 독점이 아니듯이 그냥 닮고 싶습니다.
빨강과 파랑이 혼합되어 당신이 되듯이, 정열과 차가움을 안으로 삭이고, 양과 음을 조화시킨 품격으로 자신을 가꾸고 싶습니다. 당신을 바라보며 화려하지 않으나 우아하게 요란하지 않고 묵묵히, 밝고 맑은 자태로 살고 싶습니다. 연보라를 만들 듯 흰색을 적절히 풀어 이웃의 삶과 함께 조화를 이루면서.

모항에서

바다 위에 떠 있는 달.

추석 전부터 서해안의 모항에서 달을 보고 싶었지만 온 산하를 폭풍우로 강타한 태풍 제니스로 감히 엄두도 못 내던 나는 9월을 지나 10월까지 달력에 눈 맞춤을 게을리 하지 않았다. 그러나 그 달이 보름달이면 풍요로움을 만끽하고, 초승달이면 가능성에 꿈을 가꾸고, 반달이라면 채워지는 희열에 감사하리라. 할 수만 있다면 명징한 달을 보고 싶건만 자연은 어느 때, 어느 곳이든 아름다움이 있기 마련이니 큰 욕심은 부리지 않기로 했다. 좀 더 자연 가까운 곳에서 달을 보는 것으로 족하다. 우리 가족은 바다가 보이는 창이 있는 방에서 하루만이라도 쉬자는데 의견을 같이 하고 날새들이 깃을 접는 해질녘 모항을 향해 차를 몰았다. 저녁 안개가 옅게 드리운 가을밤, 피아노와

첼로가 엮어내는 신비한 선율, 안개에 젖은 듯 나직한 음색의 삼중주는 여느 때 저녁나절에 밀려오는 피곤을 흔적도 없이 쓸어냈다.

해송에 비껴 수면에 떠 있던 달은 달무리 화환을 우리 목에 걸어 준다. 구름 속에 몸을 숨기다 어느 사이 고개를 내밀고…… 해면 위에 드리운 그림자는 시시각각 길어졌다 짧아진다. 밤안개 자욱한 해변을 걸으며 인간사의 얼키고설킨 매듭을 풀고 가다듬어 새로 엮어 갈 동아줄을 준비한다. 사람은 때론 무심하게 때론 어리숙하게 살아간다. 그 속에 인간다움이 있는지도 모른다. 아니 그게 바로 삶이다.

달은 밤이 주는 꿈을 위해 하루를 마감하려 한다. 이슬비보다 더 알갱이 고운 안개에게, 더 멀리 아득한 곳의 별들에게 오늘 하루를 부탁하며 점점 수면에 가까이 닿아 갈 길을 재촉한다. 파도는 오랜만에 딸을 대하고 누운 어머니, 어서 자야지, 그만 자야지 하면서도 기어이 새벽을 맞는. 깜빡 지나고 나니 밤을 지새도록 속삭이던 어머니도 잠깐 눈을 붙이셨나 보다.

"새벽바다는 파도도 없네."

이 한마디에 곁에 누운 사람마저 깨어난다. 커튼을 삐죽이 열고 본 바다는 아직 그 자태를 드러내지 않으려 한다. 그러나 시원을 알 수 없는 태고의 신비를 안고 있는 처녀림을 그리워하듯 연모는 바다를 향해 휘달린다. 파도는 우리 귓가에 왔다가 밤새 저만치 뒷걸음질 쳐서 떠나 있었다. 백사장은 인간 욕망의 찌꺼기가 얼마나 부질없는지, 밤새 인간이 엮는 꿈이 얼마나 허망한지를 비춰 주는 백설공주의 요술거울. 그 위로 다시 사람들은 욕망의 덫을 놓는다.

하늘을 보니 어스름 달빛으로 충만했던 어제가 아니고 하늘과 땅이 다시 열리는 최초의 날이다. 그리고 그 탄생의 신비를 뭇 사람에게 보이기 부끄러워 순식간에 나래를 접는다. 여명기는 그래서 짧았다.

저도 아침을 아는지, 왕새우의 몸놀림이 기운차다. 음력 팔월 초순이면 살 오른 왕새우의 계절일까. 자연을 찾아왔다가 수중 귀인 왕새우를 만나니 더더욱 반갑구나. 상품으로 왕새우만 알았지 생명의 아름다움을 지닌 그 역동성을 알아보지 못한 것이 부끄럽다. 크지 않은 수족관이지만 수백 마리의 그것들이 지느러미를 놀려 하염없이 유영한다. 맑고 큰 눈을 띠룩거리며 키의 몇 배나 되는 더듬이를 우아하게 끌면서. 가슴지느러미는 바쁜 사람 동당거리듯 한 시, 반 때 그냥 있지 않지만 한순간 툭 차오르는 나름의 비상이 우리네 삶도 그랬으면 하는 바람을 갖게 한다. 평소 열심히 땀 흘리다가 어느 시기를 만나 바라고 바라던 경지로 솟구쳐 오르는. 위에서 바라보는 왕새우는 매혹적인 허리를 지녔다. 전신에 갑옷 같은 껍질을 두르고 있지만,

가녀린 허리와 유연한 꼬리로 동작이 매우 우아하다. 그래서 한국화에서 새우를 그리면 '뜻같이 순조롭다.'는 의미로 통한다. 또한 바다새우는 등이 굽어서 '바다의 늙은이(海老)'라는 별칭이 아주 잘 어울린다. 그래서 부부가 한평생 같이 지내며 함께 늙는 해로(偕老)를 뜻하기도 한다. 복을 구하는 소망을 담지 않더라고 왕새우의 춤사위는 그림의 소재로 칭송 들어 마땅하다.

유선형의 꼬리 놀림에 눈이 떨어지지 않는다. 살아 있는 것의 아름다움. 하지만 마음을 열고 보면 살아 있는 것이 어디 그뿐이랴. 애정 어린 눈으로 보면 돌에서도 생기가 돋아나는 것을.

적상산사고를 돌아보고

 그날 밤처럼 그렇게 많은 별이 총총하던 하늘은 처음이었다. 그날 밤처럼 별이 가까이 빛나는 하늘 또한 내 생전 처음이었다. 그곳처럼 고개가 열둘이나 됨직한 가파른 고개를 지나 구름 위에 있는 지상세계에 오른 것도 처음 경험하는 일이었다. 친구가 띄운 한 장의 엽서를 받고 우리는 해발 1,000여m의 산을 굽이굽이 돌아 안국사를 찾아간 것이다.
 길 옆에는 고엽이 밤이슬을 맞아 반짝거렸다. 청람색의 투명한 공기 속을 흐르는 싸늘한 '기'가 가슴을 후빈다. 몇 해 전만 해도 비포장이었다는 이 길은 길을 닦는데 수많은 인부와 장비가 동원되어 공사를 해야만 했고, 몇 분의 희생자를 내고야 완공되었다고 한다. 저기가 고지인가 하고 올라가니 한국전력공사 무주 양수발전소의 불빛이었고, 산 아래 동네 쪽에서 이 불빛을 보면 중천에 떠있는 '하늘가는 밝은 길'이 되는 것이다. '그래 이 정도는 되어야 실록을 보존할 수 있겠지, 이 오지를 어떻게 찾아냈으며, 한양에 추천해서 외사고(外史庫)로 지정받았을까?' 하는 생각이 머리를 스친다. 드디어 일주문이 보인다. 일주문을 지나니 바로 안국사가 어둠 속에 파묻혀 있다가 어슴푸레한 불빛으로 우리를 맞는다.

안국사.
끊이지 않는 외침으로 편할 날이 없었던 조상들은 오직 나라의 안녕을 기원하며 이 절의 이름을 지었을 것이다. 고려 충렬왕 때 창건된 안국사는 양수발전소를 건립하자 수몰될 수밖에 없었으므로 1989년 이곳으로 옮기게 되었고, 이곳은 본래 호국사가 있었던 곳이라고 한다. 호국사는 1949년 여·순반란 사건 때 빨치산을 토벌한다는 명분으로 불태웠다고 전한다. 우리는 원광대 '마한·백제 문화연구소'가 중심이 되어 복원한 호국당에 여장을 풀었다. 아궁이가 있는 재래식 부엌은 오랜만에 보는 정경이었다. 이 산사를 찾아 경향각지에서 자정을 넘어서까지 속속 들어오는 친구들을 만나 촛불을 밝히고 삶에서 농익은 감정들을 풀어냈다.

넓디넓은 호남평야 자락 안에 군왕의 고을이라는 명예를 안고 있는 전주는 복 받은 곳이다. 전주의 자랑인 경기전 뜰에는 전주사고 터가 있어 '실록각'이 복원되어 있다. 『조선왕조실록』을 보존할 수 있었던 최후의 보루로서 빛나는 그 이름이 현존한다. 조선왕조실록은 태종에서 철종에 이르는 472년의 역사적 사실을 시간의 흐름에 따라 적은 우리 조상들의 삶과 의식의 보고였다. 그 시대의 문화 전반에 이르는 기록물을 서울(춘추관), 충주, 성주, 전주에 보관해 왔으나 임진왜란 때 모두 불타고 오직 '전주사고'만 남게 되었다.

이렇게 전주사고본이 남게 된 연유는 이 지방의 유생이었던 손홍록, 안의 두 분이 전란을 피해 실록을 전주에서 정읍 내장산 금선폭포 부근 용굴암까지 대피시키고, 1년을 넘게 날마다 숙직을 하며 역사를 지켰기 때문이었다. 이러한 실록을 묘향산으로 잠시 옮겼다가 다시 펴내 광해군 5년, 덕유산 자락에 적상산성을 수축하고 후금(청나라)의 침입에 대비하여 이곳 적상산사고 등에 보관해 왔다. 인조반정과 병자호란의 정치적 격랑 속에서도 실록 보존의 역사적 사업은 한 치 착오 없이 진행된 것을 알 수 있다. 한일합방 후, 장서들을 규장각에 옮긴 후 사고가 폐지되자 안국사는 퇴락의 길에 접어들게 되었다. 그러나 안국사도 복원하였고 1998년까지 적상산사고의 선원각, 실록각 등을 복원하여 역사의식을 일깨우고 있다.

늦가을인데 산중에는 이미 겨울이 왔나 보다. 맵싸한 바람이 몸과 마음을 깨운다. 천 년 전에도 불었을 바람이 오늘에야 찾아온 낯선 손님과 수인사를 나누는 것인지.
 역사란 무엇일까. 조상들은 왜 역사가 올바르게 기록되기를 그토록이나 바랐을까. 임금부터 미관말직에 이르기까지. 세종 같은 성군도 두 차례의 '왕자의 난'을 거쳐 왕위에 오른 아버지 태종의 역사적 평가가 궁금하여 실록을 보기를 간청했으나 대신들의 반대로 뜻을 이루지 못했다고 한다. 임금이 실록을 읽어 그 영향력이 미치면 올곧은 역사의 기술과 평가가 어렵기 때문이었다. 권력의 영향을 제도적으로 차단한 조상들의 슬기에 숙연해진다. 어전에서 신하들의 상소나 그에 대한 평가에서부터 임금의 사적인 행차에까지 그림자처럼 따라 붙어 기술하던 사관은 내외 4대조까지 흠이 없고 인품이 공정해야 하며 기혼자만이 자격요건이 되었다고 한다. 왜냐하면 훗날 어떤 가문과 인연을 맺을지 모르기 때문이었다. 사관에 임명되면 향을 피워 하늘에 거짓을 쓰지 않을 것을 맹세하고, 남의 부탁을 받지 않았다는 표시로 항상 비루먹은 말을 타고 다녔다고 한다. 조상들은 역사의 평가를 두려워하였고, 사관은 진실을 기록하는 것이 가장 신성한 임무요, 영예로 알고 살아왔다. 그러했기에 역사의 기록인 조선왕조실록의 보존이 목숨보다 더 소중한 것일 수 있었다.
 한국전쟁 때만 해도 실록을 넣은 책 상자를 가마니로 싸서 기차에 싣고 옮겨 다녔다. 피난처 부산에서조차 장소를 옮기며 지켜낸 실록, 자신의 생사를 지키기도 버거운 난리 통에도 '역사책'이라는 거물을 지키기 위해 바쳤을 조상들의 땀과 눈물과 피에서 우리는 역사의 의미를 찾아야 한다.

  1995년의 보람있는 업적으로 조선왕조실록이 CD-ROM에 담겨, 좀먹고 불에 탈 일 없이 국민 누구나 손쉽게 역사를 배우고 교훈을 찾을 수 있게 되었다.

  우리의 뿌리이며, 거울이며, 교훈이며, 지침이며, 철퇴인 역사는 경외의 대상일 수밖에 없다. 올해 가장 많이 보고 들은 말은 '역사 바로 세우기'가 아닌가 한다. 이 역사라는 것이 통치권자에 의해 바로 세워지는 현실과 바로 세울 필요 없이 있는 그대로 세워 놓았더라면 하는 당위성 사이에서 우리는 대화하며 인도하고 때로는 채찍을 가하는 역사의 목소리에 귀 기울어야 할 것이다. 역사는 전시된 공룡의 뼈가 아닌 삶의 생생한 숨소리이다. 또한 그것은 양심을 씨실로 공의를 날실로 삼아 끈기로 짜야 할 공도(公道)이다.

  진실을 찾기 위해 쑥부쟁이와 자갈로 뒤덮인 산비탈을 파헤쳐 기와조각을 찾는데 젊음을 바칠 때, 없어도 아무렇게 지낼 수 있건만 이름 없는 고서를 찾아 족보를 밝혀 주는 일에 흰머리가 늘어갈 때, 거친 숨을 몰아쉬며 삶과 죽음의 문턱을 넘나드는 이웃을 위해 함께 아파할 때, 나날의 일상에서 가장 인간적인 모든 일을 반복하며 올곧게 살아갈 때, 우리들의 역사는 바로 설 수 있을 것이다.

주논개와 라합

적당히 습한 지면을 타고 올라간 아침 공기 속에서 차창에 비친 산들이 성큼성큼 다가온다. 앞서거니 뒤서거니 하는 산들이 농무에 젖어 어두운 보라로부터 연보라에 이르는 보랏빛 축제를 이루고 있었다. 남원에서 함양에 이르는 고속도로 위에서 보는 운해는 지리산 반야봉에 오른 듯한 착각에 빠뜨렸다. 구름이 허리를 취감은 산, 구름 속에서 고개만 내민 산, 구름 속에서 손을 마주잡고 있는 산, 산들이 좋아하고 있었다. 동양화 속에서나 보던 풍경이 선계가 아니고 우리가 살아 숨 쉬는 이 세상임을 깨달은 처음 경험이었다.

진주의 관문이기도 한 진주성은 임진왜란 육지전 3대첩의 하나로 손꼽히는 진주성 싸움과 더불어 논개가 게야무라로쿠스

케(毛谷村六助)라는 왜장을 끼고 남강에 투신한 사건으로 진주의 상징이 되어있는 역사의 현장이다. 1979년 복원한 성곽의 길이는 약 1.3㎞. 그 안에 촉석정(루) 등 옛 건물들과 논개 사당, 유물 전시관, 박물관 등이 있고 1, 2차 진주대첩에 희생된 용사들에게 제향 하는 제단을 겸한 대형 부조물이 있었다.

1차 진주성 싸움은 진주 목사 김시민이 3천 8백의 아군을 이끌고 2만의 왜군을 물리침으로써 경상도의 다른 지역을 보존하고 곡창인 호남지방을 엿보지 못하게 한 대 승전이었다. 그러나 1593년 6월 왜적은 3만 7천의 병사로 재침공하여 창의사 김천일, 경상우병사 최경회, 충청병사 황진, 사천현감 장윤, 의병장 고종후 등이 3천 4백의 병력으로 죽을힘을 다해 싸웠지만 중과부적으로 패하고 말았다. 음력 6월 22일부터 전투에 들어가 29일에 성이 함락되어 모든 장병이 전사하니 왜적은 성안의 군민 6만 명을 창고로 몰아 불태워 학살했다고 기록은 전하고 있다.

고려 공민왕 때 창건되었다는 촉석루는 이러한 역사의 쓰라림을 오직 바라만 볼 뿐, 흐르는 남강의 물소리에 호곡을 묻어버리고 묵묵히 서 있을 터였다. 성안이 피바다가 된 후 적의 전승 축하연. 부산에 상륙한 지 2주 만에 한양성을 함락하고 승승장구하던 전적에 군관민을 압살한 대승전이었으니 왜군의 호기가 어떠했을까? 들짐승이 다 되어버렸을 술 취한 이방원수의 노리개감이 되어야하는, 오욕의 역사에 지워지지 않는 흔적을 남길 뻔한 진주 기생들. 그래서 모진 목숨을 부지하는 것이 철천의 한이었을 것이다. 당시의 정황으로 보면 주논개가 아니더라도 제2, 제3의 논개는 필연적으로 나왔으리라는 추측 아닌 확신이 든다. 게야무라로쿠스케라는 왜장, 의암에 유인당하기까지 털끝만치 의심하기를 거부했을 만큼 조선인에 대한 무시가 그의 심중에 팽배해 있었음에 나는 분노가 치밀었다.

주논개.
전북 장수군 출생으로 진주병사 최경회의 사랑을 받았고 기생이 아니라는 이 여인. 그 거사를 두고 얼마나 고심했을까? 만약 실패하거나 성공하더라도 함께한 기생들조차 모조리 참수당할 것인데…… 적의 말굽 아래 밟히기 싫어 낙화암에 몸을 던진 백제의 여인들보다 얼마나 적극적인 행동인가. 한번 죽는 목숨이지만 조선 여인과 진주 시민과 역대 기생의 자존심을 세워준 영웅이요, 쾌거였다.
후대의 문필가들이 아무리 '충절의 논개' 또는 '의기'라고 추켜세워도 결국 그 일을 해낼 수 있는 것은 '심신의 강단'을 바탕으로 한, 극단적으로 표현하면 '뚝심'과 '독기'라고 나는 표현한다. 춘향이가 일부종사의 의지와 이 도령에 대한 사랑이 제아무리 강하다 해도 변학도의 모진 고문을 견뎌내지 못했다면……. 신념, 옳음, 충절, 정조 이러한 것들이 관념으로만 끝날 때 얼마나 공허하고 가변적이며 때로는 나약한가. 특히 지식인일수록 사변적이어서 합리성을 핑계로 자기의 편의와 이기심에 안주하는 경향이 짙다.

후에 알게 된 일이지만 후대의 진주 기생들이 더욱 의리 있고 철저했다.

〈해마다 오월 삼십일에 논개 사당에 제를 드릴 때 기적에서 벗어났거나 살림 들어갔거나 고령에 노쇠했거나 전·현 기생 할 것 없이 모조리 촉석루에 운집한다.…… 위의와 위용을 정제한 장로급의 노기 제관이 엄숙한 행렬을 지어 논개 사당으로 걷는다. 기타 수백의 후배 기생이 엄숙한 행렬을 지어 논개 사당으로 걷는다. 촉석루 누각 위에 질서정연하게 서 있는다. 정성을 다한 제물, 제상 드높이 만고의인 논개의 영위가 열린다. 축문 없이 제사가 일사불란한 예절에 따라 진행된다. 이러한 아름답고 경건한 예절이 수백 년 진양계원 노소기생들의 경제력과 정성으로 이어온다. 한 번도 궐제한 적이 없다. 일제 최악기에 '논개 충의비'는 빼버리고 '논개제'는 엄금했으나 밤으로 몰래몰래 제사향화를 이어왔다.〉

정지용의 산문 「남해 오월 점철 진주 4」의 한 대목이다. 사람이 한 번에 큰일을 행하기도 쉬운 일이 아니지만 수백 년간, 그것도 뭇 사람들이 뜻을 합해 하는 일은 더욱 훌륭하고 대단한 일이다. 아무리 극찬을 해도 지나치지 않는다. 천인계급으로 뭇 사람들의 질시를 받으며 사랑을 구걸하는 그 여인들이, 특히 팔자를 고친 전직 기생들까지 한 자리에 모여 일제의 서릿발 같은 탄압에도 굴하지 않고 자신들의 자존심을 세워준 주논개에게 정성을 다해 엄숙한 제사를 올렸다니……. 한국 여인의 강인함과 끈기는 웅녀에게서부터 아랑을 거쳐 숱한 여인들 사이에서 신분 고하를 막론하고 오늘날까지 면면히 흐르고 있다.

이 여인들이 똘똘 뭉쳐 수백 년간 행한 단체행동의 구심력은 무엇이었을까? 자기들의 처지와 동질적인 기생으로서 자존심을 세워준 분을 향한 존경과 사랑의 표출이 아닐까.

신분의 굴레.

벗으려고 몸부림칠수록 더욱 옥조이는 굴레 때문에 면천을 위해 허준은 내의원이 되었다. 그리고 스승께 배운 대로 인간 사랑의 보편적 진리에 도달하여 그 무엇보다 환자들을 사랑하였으며 가난하고 배운 것 없는 이들이 조선 땅 곳곳에 널려있는 약초로 몸을 치유하게 하고자 『동의보감』이라는 청사에 빛나는 역작을 낼 수 있었다. 춘향의 '두 남편을 섬기지 않는다' 성취동기도 반쪽 양반이기를 거부하고 온전한 인간으로 대접받고 싶은, 「신분상승에의 의지」라는 연구논문이 나온 지가 오래전이다.

주논개의 애국심을 개인적인 차원의 가치관으로 폄하하고 싶지는 않지만 그의 가슴을 짓눌렀을 법한 멍에가 있었다면 다름 아닌 미천한 신분이었음을 부인하지 못하리라. 그리고 그러한 신분임에도 양반과 고관대작들이 하지 못한 큰일을 할 수 있다는 것을 보여주고 싶은 생각은 없었을까?

기생 라합.

기생이라는 직함으로 다윗왕의 고조할머니가 되는 이 여인은 다윗왕의 후손인 예수 그리스도의 조상이기도 하다. 그녀는 BC 14세기 경 이스라엘 백성들이 이집트에서 해방을 맞아 가나안(지금의 팔레스타인) 지역의 여리고성을 정복하려고 정탐꾼을 보냈을 때 그들을 숨겨줌으로써 현실적으로는 동족을 배신한 여인이다. 그녀는 성경의 일반적인 가르침에서 벗어나 거짓말을 하였고, 개인이 살려고 자기 민족을 판 경우이지만 그녀가 그런 결단을 하기에는 동기가 있었던 듯하다. 즉 자신이 속한 가나안족의 종교의식이 매우 음란하고 잔인하여 인간의 도리를 벗어났고 극심한 사회의 혼란상을 목도하였던 것이다. 그리고 고대인으로서 홍해를 건넌 이스라엘 민족과 그 민족을 광야 40년 동안 먹이시고, 입히시며 보호하신 야훼 하나님에 대한 종교적인 경이감에 사로잡혀 있었던 듯하다. 그래서 그녀는 목숨을 걸고 정탐꾼을 숨겨주고 여리고왕의 추격대를 따돌렸던 것이다.

도덕적으로 정결하지 못한 천민 기생 라합이 믿음과 현명함으로 자신과 가족의 목숨을 구하고 야훼를 영접함으로써 구원이라는 종교적 가치를 얻었다. 뿐만 아니라 인류의 빛 예수그리스도의 직계 조상이 되었으니 이만한 신분 상승이 또 있으랴. 이러한 사실은 기독교의 역사가 약하고 소외된 자를 들어 강한 자를 부끄럽게 하는 것으로 점철되었음을 증명하는 하나의 두드러진 예이다.

인간에게 있어서 그 신분과 사회적 지위가 얼마나 대단하기에 줄기차게 내적인 동인이 되어 행위를 유발하는가? 한 사람의 진정한 정체성은 그가 누구인가 하는 것보다는, 그가 오늘도 무엇을 생각하고 무엇을 말하며 이웃을 어떻게 이해하면서 보내는 하루인가에 달려있다고 생각한다.

박달나무 있는 뜰*을 그리며

　나는 요즈음 사모함으로 충만해 있다. 전주천변의 버드나무가 뿌리 끝에서부터 뿜어내는 수액을 주체할 길 없어 줄기 끝마디마디 유록색 잎 물을 퍼뜨리고, 산수유 그 작은 꽃망울이 꽃잎을 펴지 않고 오므리고 있을 때부터 목련이 화관무를 추고 있는 이즈음까지. 전주 삼천동의 가는 비에 속옷 젖는 줄 모르듯, 한 인물의 삶과 의식과 시대와 행운까지 흠모하고 있다.
　그분은 먼 곳에서 오셔서 객사에 머물러 계신다. 그분이 계신 곳은 시원하게 트인 앞뜰과 저녁놀이 무척 고운 마음의 보금자리이다. 그분을 만나려고 먼 곳까지 나설 수 없는 처지이기에 좀 더 가까이서 그림자라도 훔쳐보려는 것이 바람인지도 모른다. 발걸음은 시도 때도 없이 그 집 앞을 기웃거리다 소리 없이 들어가 그분의 자취만 살피다 흔적 없이 나오기에 바쁘다. 말없이 그분의 음성을 듣다가 행여 누가 그분에 대해 의견을 말하면 발걸음은 목소리를 따라간다. 첫날은 그분의 발자취만 살피다 왔다. 꽃샘바람이 저녁노을을 무색하게 하던 어스름녘에는 그분에 대한 종잇장들을 한 아름 안고 왔다. 어찌 그리 뿌듯하던지. 언제든 그분의 그림자라도 가까이 모실 수 있음에 마냥 행복했다. 그리고 또 향한다.

그분은 평생을 한 가지 일에 몰두하여 자신의 온 정열을 불태웠다. 자신이 추구하는 이상을 실현하기 위한 노력에 게으르지 않았고 세상 잡일에 분망하지 않았다. 세속의 가치에 자신의 욕망을 두지 않았기에 이상과 세속의 명리 사이에서 갈등하지 않았다. 몰이해로 인해 적잖은 반대에 부딪혔지만 그분이 추구하던 일에 대한 재능과 성실함에 뭇사람들은 반역하기를 스스로 포기했는지도 모른다. 취한 듯, 홀린 듯 자신의 일만 해왔다. 내가 사모하는 근원이 여기에 있음을 고백한다.

그분은 타고난 재능이 있었다. 그리고 재능을 발굴하여 계발시켜준 훌륭한 스승과 그의 업적을 사랑하고 후원해 주는 군주가 있었다. 태평한 세월은 그분이 일을 하는 데 순풍이 되었고 따라서 업적들에는 화평함과 온화함과 여유로움이 깃들어 있다. 그분은 뭇사람들의 삶을 눈여겨 볼 수 있는 애정을 지니고 있었다. 이름 없는 뭇사람이야말로 이 땅의 참 주인이고 그들의 눈짓, 팔뚝의 놀림들이 인간의 체취임을 일찍이 터득한 것 같다. 그분의 탁월한 견해는 시대를 앞서 인간 보편의 진리를 꿰뚫은 것이다. 고루거각에 처했음에도 자만하지 않고 궁핍함에도 비루하지 않았다.

그분은 풍류를 사랑해서 퉁소를 즐겨 불었다고 한다. 문학적인 소양도 있어서 즉석에서 운에 맞춰 시를 쓸 수 있었다. 소리를 종이에 그릴 수도 있었다.

구름병풍 안개휘장이 한 폭 한 폭 드러나니(雲屛霧障面面開)
누구의 솜씨인가 아득히 망망한 열두 폭 그림(意匠蒼茫十二幅)

경북 청량산의 가을 저녁 풍광을 묘사한, 시로 그린 한 장의 풍경화이다. 그분은 우리 산천을 소박하게 화폭에 옮기되 투명한 공기와 살아 있는 소나무로 생기를 불어넣었다. 금수강산이 그분의 붓끝에서 되살아나 종이 위에 자리 잡았다. 그러나 사실대로 옮겨놓는 것에 그치지 않고 주제를 부각시키고 화면에 조화를 이루어 강렬하고 역동적으로 묘사하기도 하고, 과감히 생략하기도 하는 등 화면에 재창조하고 시정을 돋워주고 있다. 그분의 금강산 그림들을 바라보면 가지 못하는 북녘 땅에 대한 그리움에 뜨거움이 울대를 넘어온다. 단양팔경의 산수화 앞에 서는 아름다움을 제대로 보지 못하는 무딘 눈과 마음이 부끄러워 몸을 가누기가 힘들어진다.

그분은 사람들의 삶 자체를 사랑하고 귀하게 여기셨다. 그분의 따뜻한 시각이 아니면 흘러가고야 말 흔하디흔한 일상사를 과장 없이 그리면서도 멋과 흥을 담뿍 담아내고 있다. 태수가 행차하는 길목에서 시골 사람들이 진정을 올리고 형리가 판결문을 쓰는데 술 취한 가운데 부르고 쓴다는 〈취중송사도〉. 벼타작을 하는데 한쪽에서 비스듬히 누운 채로 감농하는 이의 오만한 태도가 호리병의 술병과 함께 시대상을 말해주고 있다. 그뿐인가. 동자를 앞세우고 말을 타고 가던 선비가 말 위에서 꾀꼬리의 울음소리를 듣는다는 〈마상청앵도〉에서는 그분의 심미안에 말을 잊고 말았다. 그분이 그린 풍속화는 여러 가지 삶의 양태를 실감나고 재미있게 묘사해 내는 데서 출발해서 궁극적으로 시대의식과 함께 문학적인 향기를 표출하는 경지에까지 이르렀다.

그분이 38세에 그린 부채 위의 나비를 보면 200여 년이 지난 지금에도 형태나 색채가 자연 속에 살아 있다. 자신이 하고 있는 일에 가혹하리만치 완벽함을 기하는 일처럼 멋있는 일이 또 있으랴.

그분은 효성이 지극한 군주를 모시게 되어 군왕의 효심을 그림에 담아내기도 했다. 정조가 아버지 사도세자의 능을 수원에 모시고 시절을 좇아 행차하는 〈수원능행도〉를 비롯한 기록화에서도 그분의 역량을 짐작할 수 있다. 〈부벽루연회도〉나 〈기로세연계도〉를 보면서 평양 대동강가나 개성 송악산 자락의 만월대에서 조상들이 즐겼던 풍류를 현대인들이 흉내인들 낼 수 있을까? 하고 자문해본다. 이런 작품들은 산수화와 풍속화 두 분야에서 그분이 도달한 높은 경지를 확인할 수 있었다. 사도세자의 명복을 빌어드리기 위해 세운 수원의 용주사 탱화에서는 서양화에서나 적용되던 원근법, 음영법을 시도하여 시대에 앞선 기법을 보여주기도 했다.

스승인 강세황(1713~1791)은 그분이 그림의 어느 한 분야에도 소홀함이 없이 다방면에 능통했다고 제자를 칭찬했다. 당대의 문인화가 강세황 선생은 32세의 나이 차에도 불구하고 제자의 그림마다 평을 써주며 극찬을 아끼지 않았다. '우리나라에 이러한 신필이 있으리라고는 생각지 못했다. 내 글씨가 서툴러 그림을 더럽힐까 부끄럽다. 보는 사람의 비난을 면하기 어려울 것이다……'라고. 스승을 능가하는 제자 없다고 했는데 인간적인 풍모에서 스승은 역시 스승이었던가. 익살스러움과 해학적인 기질까지 사제지간에 함께했다니 그것은 수십 년 세월을 함께 하면서 닮아지기도 하는 인품 때문이 아닐까. 아름답고 부러운 사제의 정이었다.

그분의 작품 하나하나가 감동을 주지 않는 바가 없었지만,

특히 만년에 그림 〈삼공불환도〉와 〈방야독서도〉는 더 큰 감동으로 가슴에 와 닿았다. 이 두 그림은 자연에 귀의하여 순리를 따라 겸허하게 사는 삶을 담고 있다. 〈삼공불환도〉는 자연 속에서 조화를 이루며 살아가는 삶을 삼정승의 권세와 바꾸지 않겠다는 의지를 표명한 그림인데 자연과 인간이 하나가 되어 그림 자체가 완벽한 조화를 이루고 있다. 일명 〈추성부도〉라 하는 〈방야독서도〉는 쓸쓸함이 전편에 흐르는 그분의 마지막 작품이다. 늦가을의 소리를 들으며 독서삼매경에 빠진 분위기는 어느 사이 그림 속 주인공과 보는 이의 감정이 교류되는 느낌이다. 전원의 넉넉함과 달과 별의 속삭임, 그리고 가을나무의 흐느낌이 들릴 듯한 화면은 인간이 희구하는 원초적인 고향의 품이 아닐까.

그분은 훤칠한 인물에 붙임성 있는 성격에 여유와 인정이 많은 멋쟁이였다고 한다. 시, 글씨, 그림, 음악에 걸친 교양을 그림에 쏟아 부어 그림이 품격을 한층 더 올린 예인이었으니 어찌 나만의 흠모 대상이겠는가. 그분의 인격과 화력이 원숙해질수록 모든 그림의 진실이 삶의 진실로 승화되었음을 확인하고 그림의 외양과 본질이 한국적이었음에 더 큰 존경과 애정을 갖는다. 한국적인 정서와 예술성은 그분의 예술혼과 피와 정이 맥맥이 흐르는 이 땅의 화백들에게 바라는 것이기도 하다. 한 분야를 천착하고 계승하는 것을 바라보는 기쁨이 시대를 통하여 넉넉해지기를 간절하게 소망한다.

*'박달나무가 있는 뜰'은 조선의 최고 화가 김홍도(1745~1806?)의 호 '단원(檀園)'을 풀이한 말. 원래 중국 명나라의 화가 이유방의 호였는데, 김홍도가 그를 특히 존경했으므로 그 호를 따온 것이다.

미소

　날더러 반쯤 웃는 얼굴이 예쁘니 항상 그렇게만 살아가라는 부탁과 요청을 받던 시절이 있었다. 누군들 그 모습이 아름다운 모습이 아니랴마는 사람에 따라서는 화내는 모습이, 온 얼굴에 주름살을 지으며 웃는 모습이 더 인상적이며 개성미에 빛나는 인물도 있으리라. 실제로 우리 교인 한 분은 웃으면 작은 눈이 묘한 느낌으로 보는 이의 마음을 사로잡는다. 웃는 그 모습이 좋아 며느리를 맞는다면 그분 같은 이를 맞겠다는 사람이 있는가 하면 심지어는 '해 같은 미소를 주는 얼굴'이라고 칭찬을 받기에 이르렀다. 아무튼 그분은 심덕이 좋고 누구든 편안하게 해주는 매력을 지니고 있었다.
　백제인의 미소로 통하는 충남 서산의 마애불을 찾은 것은 초겨울 어느 저녁나절이었다. 몇 십 년 전부터 책에서만 보아오던 서산 마애불을 직접 대한다니 회전 그네라도 탄 느낌이었다. 어찌 나의 짧은 고적답사 실력으로 이런 곳을 찾을 수 있으랴. 잘 아는 분으로서 고고 미술사학을 전공한 김선기 교수님과 동행하게 되어 우리는 행운을 누릴 수 있었던 것이다. 김 교수님은 대학 때부터 익산 미륵사지 발굴 작업을 시작으로 고창 모양성 안 유적 발굴, 부안 도요지 발굴…… 등으로 그가 살고 있는 집을 미륵사지 가까운 금마에 짓고 살았다. 부인도 전공분야 후배이자 발굴 현장에서 함께하는 분이다. 해서 친구들이 붙여 준 애칭이 '우리들의 위대한 땅꾼'이었다. 언제 뵈어도 햇빛에 그으른 거무스름한 얼굴이 달덩이 같은 푸근함을 실어주는 넉넉한 분이었다. 뿐만 아니라 그 댁 식구 모두가 동그란 얼굴에 하회탈의 웃음을 지니고 산다.

 그분을 만나는 것은 역사와 이야기하는 일이고 산하와 숨 쉬는 일이었다. 역사 속에 깃든 조상의 멋에 빠져드는 가슴 설렘 자체다. 약간 물기어린 목소리로 민족 수난의 고비 고비를 짚어주던 그분의 목소리, 은근히 기다려진다. 벚꽃이 그 꽃잎을 떨구고 속 열매를 대롱대롱 매단 채 염치없이 손님을 맞던 날 왕궁리 5층 석탑 아래서 익산 천도설과 왜곡된 백제 역사에 대한 사학자로서 견해를 쏟으시던 분. 온 산이 융단 같은 초가을 햇살 아래서 신라의 비석 위에 먹물에 적신 솜뭉치를 두드려 본 것도, 낙엽으로 발목까지 빠지는 덕숭산의 수덕사 뒷길을 걸어본 것도 그분 덕이었다.

　70년대 중반 김 교수님 대학 시절 답사할 때는 포장되지 않은 자갈길을 달려 숲을 헤치며 걸었다는데 20여 년의 세월은 영양가 있게 흘렀나 보다. 아스팔트를 달려 산 밑에까지 닿을 수 있었다. 시멘트 포장의 입구 길과 안내 표지판 없이 소슬한 오솔길이며 자연석 돌계단이 우리를 처연하게 만들었다. 잔설이 얇은 얼음을 만들어준 돌다리를 지나자 산 속의 칼바람이 옷깃을 여미게 했지만 땀이 솟을랑말랑 하니 마애석불이 우리를 맞았다. 바람과 비를 막느라 삼존불 부근에 덧대기 누각을 세워 옛 교과서 사진의 분위기와는 달랐지만 그 '미소'를 보호하기 한 최소한의 인위적인 노력이라는 점에서 억지스럽지 않았다. 다만 고향 초등학교의 교실과 운동장이 그 시절 느꼈던 규모가 아님에 놀라듯이 기대에 어긋난 것은 마애불이 새겨진 바윗돌의 적음에 있었다. 그러나 검소할 뿐 누추하지 않았다.
　중앙에는 여래입상, 왼편에는 반가사유상, 오른편에 미륵보살입상을 조각했는데 모두 '빙그레'였다. 삼위는 과거불, 현세불, 미래불을 의미하는데, 가운데 여래입상의 미소가 역시 으뜸이었다. 적당히 뜬 눈에 위로 약간 올라간 입꼬리가 무슨 말씀이라도 하실 듯……. 거리에서나 동네에서 만나면 가벼운 농담이라도 걸 듯한, 해맑은 미소로 배시시 웃는 어린아이인 양,

속 좋은 어떤 분인 양. 나의 필 끝 무딤이 속절없다. 두어 걸음 뒤로 물러서서 보니 그 미소가 더욱 선명해진다. 고난을 이겨내고 해탈한 후 희열에 찬 승리자의 도취감이나 구도자의 인격으로 빚어낸 고매한 미소가 아닌 천진난만함이 온 얼굴을 덮고 있다. 나는 아직 그런 미소의 소유자를 본 적이 없다.

뿐만 아니라 어떤 모습이라고 규정짓기에도 너무나 소중스럽다. 엄마 품에서 배부르게 먹은 아기가 한 손으로는 엄마의 젖무덤을 받치고 한 손으로는 '잼잼'을 하며 엄마와 눈을 맞추는 형상이랄까? 살아 있는 인물이라도 그려내기 힘든 미소이련만 돌덩이에 이런 표정을 찾아 줄 수 있는 백제의 장인은 어떤 사람이었을까? 부처님의 모습이 이러하면 그분은 한마디 불법이 없어도 만 가지 세상의 중생을 교화하기에 부족함이 없을 것이었다. 백제 말기의 작품으로 추정된다니 이런 미소를 지닌 부처님을 창출하여 그 법열에 탐닉해 있을 백제인들이 정복욕이나 도전적일 수 없음은 불을 보듯 뻔한 일이다. 어쩌면 개인주의적인 종교 세계에 침잠하고 그것을 예술의 경지에 승화시키기까지 절대 신앙에 안주하고 있었기에 현실의 소용돌이에서는 패배자가 되었는지도…….

짧은 만남이었지만 그 미소는 지금까지의 내 삶을 송두리째 담보하고라도 내 것으로 하고 싶은 보배로운 것이었다.

부끄러운 고백

　광주 비엔날레가 막바지에 접어드나 보다. 여러 번 시도했다가 아직도 나서지 못하고 날짜만 세고 있다. 비엔날레에서 날아드는 소식들은 전시작품들에 대한 궁금증과 더불어 빛고을에 대해서 회억하기에 충분하다. 지금쯤 무등산은 온 산이 울긋불긋한 양탄자로 덮였을 거야. 중머릿재에 어린 아들 딸을 데리고 오른 엄마 아빠들은 시석대의 갈꽃을 바라보며 "조금만 더, 조금만 더 참으면 돼."라고 말하겠지. 중심사의 오동꽃은 지난 봄에도 방향을 내뿜었을 것이고 의제선생의 춘설헌 앞에는 지금도 매화동산이 그대로 있을까? 소쇄원 입구의 대밭에서 댓잎들의 수런거리는 소리가 들려오고 있었다.

　빛고을.

우리가 광주에 첫발을 내디딘 것은 신접살림의 기대와 두려움을 안은 채 자유로운 환경에서 학문을 향해 새 삶을 시작하여 날갯짓을 하던 80년대 중반이었다. 그러나 모든 것을 새로 시작하는 와중에서도 광주 사람들의 '울어막……' 하던 표정은 지나칠 수 없었다. 우리는 그들의 상채기를 건드리지 않으려 노력했는데 덜 아문 상처가 곧 나의 열 손가락 중의 하나임을 알고 있음에.

　하지만 그 계절이 오면 툭툭 불거져 나오는 아픔들을 어찌할 수가 없었다. 망월동에서 열렸다고 하는 증인으로서의 예술, '광주 5월전'이 있다는 소식들은 내 기억의 창고에서 먼지에 쌓여 덮여 있던 ㄱ화백에 대한 면괴스러움, 자신에 대한 모멸감을 끄집어내고 있었다. 남도의 봄 밤, 훈풍이 피바람으로 바뀐 금남로의 그 밤에 ㄱ화백은 희생자들을 어깨에 걸머져 병원에 옮기며 아침을 맞았다는 이야기를 했다. 남도의 촛불로 사는 일, 역사의 증인으로 사는 일이 살아남은 자들의 몫이라고 비감에 젖기도 했다. 그래서 그의 호가 제남(남도를 가지런히 함)이었던가.

　ㄱ화백과의 교유는 그 언저리에서 시작되었다. 산수화, 화조화를 그리던 그는 내 집에 처음 오던 날 술독에서 헤엄이라도 친 듯한 모습으로 맞지 않는 키의 남편과 어깨동무를 하고 들어왔다. 그러나 그는 무등산 기슭의 의제 선생 묘소에도 안내

하고 난을 치겠다면 기꺼이 문하생으로 삼겠노라고 권하기도 했다. ㄱ화백과 만남이 잦아질수록 남편의 그에 대한 흠모는 깊이를 모르게 더해갔다. 세속의 잣대로 그를 평하기가 부끄럽다는 것이었다. 그리고 한국화나 초벌구은 도자기에 화초를 그린 큰 접시나 항아리를 들고 들어오곤 했다. 아니 우리 집의 작은 벽면들은 한국화 일색으로 변하기 시작했다.

당시 우리에게는 혼기에 있는 동생이 있었다. 남편은 ㄱ화백을 추천했다. 나는 그를 아는 것은 극히 한정된 부분이라는 것과 가장으로서의 ㄱ화백은 앞길이 불투명한 예술가라는 점을 들어 반대를 했다. 현실적인 잣대로 그를 재단한 것이 나였고 남편은 그의 인격만을 믿었던 것이 우리 둘 사이의 시각차였던 것이다. 혼인의 성사 여부를 떠나서 자신도 모르게 세속화하고 현실에 젖어버린 내가 놀라웠다. 그리고 자괴감에 아파했다. 예술가 '운보'의 생활인 운보를 한 가슴에 안은 '우향'이 되지 못했던 나.

ㄱ화백이 우리를 믿고 자신의 그림을 아껴주는 좋은 이웃으로 여겼을 때 나는 초년기 예술인의 고단한 날개를 쉬어가게 해주지 못하는 앙상한 나뭇가지였던 것이다. 여느 사람들과 같이 그림을 돈으로 환산하는 그리하여 예술을 생활의 수단으로 알거나, 미술애호가의 이젤과 캔버스를 생활의 여기쯤으로 아

는 단세포적인 인간무리 중의 하나였던 것이다. ㄱ화백이 그
때까지 혹은 앞으로 살아갈 때 부딪힐지도 모르는 범속한 인간
들의 차가운 눈초리에 한 꺼풀 더 얹어 그의 예술혼에 상처를
냈다는 심사가 나를 늘 괴롭혔다.

앎과 삶 사이에서

햇볕이 성글어지고 모시 적삼을 통과하는 바람이 날렵해진 것이 오래전이다. 오늘 아침은 문득 마주보는 눈빛을 흐려버리는 햇살을 발견했다. 할 일 못하고 만나는 선생님 앞의 시선 같은. 사는 일이 시들해 보이고 기대하고 힘쓰는 일이 허무하게 느껴질 즈음이면 어김없이 몸져눕게 된다. 육체의 피로 때문에 싫이 퍽퍽하게 여겨지는지, 이니면 그 반대인지 어느 것이 먼저인지는 모르는 채 병은 마음의 아픔과 늘 손잡고 온다. 그러면 온전한 삶에 대한 갈망은 더 높아져서 무의식 활동이 더욱 왕성해지는 듯 꿈속까지 갈등의 전장으로 변하는 경우가 있다.

소슬바람 한 줄기 따라 가을 햇발 속을 달렸다. 여름내 불타던 태양을 받아들여 가슴에 간직해 온 벼이삭은 나날이 통통해

가고 신록과 녹음으로 빛나던 벚나무 가로수는 어느 사이 갈무리를 위한 채비를 서두른다. 들판은 겨자색 물감으로 칠해져 있다. 곳곳에 있던 포도밭에서는 남은 포도의 향이 실바람 끝에 묻어오는 듯.

어느 사이 차는 금강과 서해가 만나는 언저리에 다달았다. 아, 이제 나는 생각할 여유가 없다. 눈을 사로잡는 별천지의 풍광이 바늘이 들어갈 틈새만큼도 사유의 공간을 허락하지 않는다. 길에서 길로 이어지는 코스모스. 그 누가 기나긴 꽃목걸이를 마련해 두었나. 하늘의 별들이 내려와 앉았는지. 하얀, 분홍, 보라, 자주색의 조화로 눈부시지 않게 화려한 아득한 기억 속의 꽃 나라가 지금 내 눈앞에 펼쳐져 있는 것이다.

'자연의 아름다움과 그 이치를 안다는 것은 자신이 스스로 자연의 일부임을 안다는 뜻이다.' 어느 책에서 읽은 구절이다.

푸르른 하늘, 겨자색과 군데군데 진노랑의 들판에 초록 이파리 위에 핀 코스모스의 행렬은 가히 세계적인 꽃길이라 할만하다. 다보록하게 피어나 끝없이 이어져 있는 코스모스꽃 무덩이로 꽃목걸이를 해드리고 싶다. 삶을 온전하고 충실하게 산 나의 님들에게. 하와이언들보다 더 굵고 긴 영광의 꽃목걸이를. 코스모스 길을 자동차로 달리는 것이 못내 아쉽다. 코스모스는 자체로서도 아름답지만 깊어가는 가을 녘의 호남 벌판과 어울리니 완벽한 조화였다.

산과 마을을 굽이굽이 돌아 코스모스 길이 끝나가는 곳에 문득 다가서는 건지산의 '한산모시관'. 충청도 한산 땅이 퍽 먼 곳인 줄 알았는데 관념이 항상 더 먼 곳에 있다. 우리 곁에 그렇게 살갑게 다가와 있는 한산모시를 대하면서도, 이곳 한산을 지척에 두고도 모르고 살아왔다. 아니, 백제 시대부터 우리의 여름을 지켜 준 그 모시를 어머니는 딸에게 건네주기를 두려워하며 단절의 세계를 살고 있었다.

전수교육관에는 충청도 아주머니 한 분이 모시를 짜고 있었다. 처음으로 지켜보는 베 짜기, 신선한 충격이다. 직녀의 딸이라 내 안에는 '베 짜기'에 대한 이미지가 늘상 존재해 왔다.

'삶이라는 비단을 짜고 있다……'

'역사는 공의를 날실로, 양심을 씨실로 삼아 끈기로 짜야할 공도(公道)인 것이다……' 운운하며 내 딴으로는 절실한 표현으로 애용했는데 베틀 앞에 앉아 실제로 베를 짜는 모습을 보며 내가 그간 얼마나 관념적이고 피상적이었는지 놀라고 있었다. 관념보다 현실은 훨씬 어렵고 무거운 몸놀림이라는 점에서. 그리고 현실적인 베 짜는 여인이 더욱 정성을 쏟고 있음을 보았다. 내가 짠 삶이라는 베는 가마니보다 더 거칠고 맵시가 없었고, 우리가 함께 짜온 역사라는 베 짜기는 몇 번씩 잘리고 찢겨진 감히 '베'라고 일컬을 수도 없는 상처투성이었음에…….

날실이 감긴 도투마리를 베틀의 누운다리 위에 올리고 바디에 끼운 날실을 빼어 2개의 잉어에 번갈아 끼우고 다시 바디에 끼워 '매듭대'에 매고…… 베 짜는 과정의 일부이다. 우리는 한산 세모시의 섬세함과 단아함을 칭송하기에만 바빴지 그 모시가 그렇게 올이 가늘고 직조 상태가 고르며 질감이 깔끔하고 내구성이 뛰어나게 된 물밑 사정은 눈여겨보지 않았다. 아니, 나는 잠자리 날개처럼 가벼워 갖춰 입은 속옷에 갑자기 무게를 느끼게 한 삼복더위의 모시옷이 나와 같은 여인네의 허리와 팔과 눈의 고통 속에서 피어난 꽃이라는 사실을 꿈엔들 생각이나 했을까? 더구나 모시 원사 한 바람을 얻기 위해 모시풀로부터 태모시를 만들고 모시 째기, 모시 삼기, 모시 날기, 모시 매기, 구리 감기라는 수고로움을 거친다는 사실을 어떻게 가늠이나 할 수 있었으랴. 예전에 비해서 부분적으로는 기계를 이용하고 있지만, 이 길고 긴 과정을 보상받기에는 타산이 맞지 않아 전수하는 젊은이가 없단다. 간혹 베 짜기만을 배우는 여인네가 있다니 그것도 다행이랄까.

　모시 짜는 여인의 모습은 내내 뇌리를 떠나지 않았다. 김홍도의 그림으로서가 아니고 전수관 야외에 설치되었던 청동조각상으로서가 아니라 내 몸과 같은 이웃의 몸짓으로서, 그리고 베 짜기에 비유하던 삶에 대해서. 내가 짠 베로 남을 시원하게 혹은 따뜻하게 해 준 일이 있는가에까지. 현실 속에서 내가 찾아야 할 알맹이는 무엇인가. 그 답도 베 짜기에서 찾을 수 있는 가장 원초적인 것, '정성'으로 귀결되었다. 편리함, 신속함, 능률을 높이 사는 사이 이 낱말은 자꾸 사전 속으로 달아나고 있었다. 정성. 생각과 말과 행동에 정성을 다해 나날을 살아가는 것, 누구에게나 나의 정성을 다해 대하는 것, 가끔은 뒤돌아보고 나와 이웃들의 관계를 매만져 보는 것은 분명 후회 없는 베 짜기의 과정이리라. '성(誠)'자에서 보듯이 '말을 이루는 것'은 가장 기본적이면서 가장 힘든 일임을 안다. 그러나 스스로 말한 것을 묵묵히 이루는 것만이 내가 짠 베가 베다울 수 있을 것이다.

  한산 세모시에는 감히 비할 수 없을지라도 중국의 비단에 비하면 턱없이 못 미칠지라도 날실과 씨실이 제대로 된 베 짜기에 정성을 모아야겠다. 완성되는 그날까지 얼룩짐이 없이 간직하여 누군가의 고운 옷이 되도록. 허리가 휘어지고 팔이 떨어지고 눈이 침침해지도록 힘쓰고 애쓰는 직녀이고 싶다.

수양버들을 보며

　연두색이 초록색으로 바뀌는 이즈음이 되면 나의 무딘 감성도 설렘으로 충만해진다. 신록의 변화는 전주천변의 수양버들에서 가장 먼저 느끼는데, 일 주일을 주기로 천변 길을 운전하는 나는 그 변화를 보며 봄이 어디만큼 왔는지 한 뼘, 두 뼘 헤아린다.
　전주천변의 수양버들을 애타게 그리워하던 시절이 있었다. 십 수 년 전 남편이 교환교수로 중국에 가게 되자 온 가족이 함께 베이징으로 이사를 했다. 2월 말에 떠났는데 베이징에 도착해보니 그곳은 온통 회색 도시였다. 늦겨울이 어딘들 삭막하지 않으랴마는 베이징의 하늘은 사흘 굶은 시어미의 낯빛이었고, 드넓은 도로와 건물은 하나같이 시멘트 범벅이며, 그 많은 인민들의 표정이나 옷 색깔까지 무채색 투성이었다. 게다가 대륙에 부는 바람은 칼이었다. 겨울은 끝자락까지도 혹독하여,

그 흔한 잡초 하나도 시멘트 바닥을 뚫고 나올 힘이 없는가 싶었다. 초록이, 푸르름이 그렇게 귀한 줄을 나는 처음 깨달았다. 그리고 가장 생각나는 게 전주천변의 버들잎 색깔이었다.
 '전주천 버들잎은 유록색으로 뭉개뭉개 떠 있을 거야. 지금은 연두색으로 좀 더 짙어졌겠지?'
 한 폭의 담채화처럼 천변의 풍광이 그려지며 고향에 대한 그리움 때문인지 기침은 더욱 자지러졌다.

 지금도 천변의 수양버들을 볼 때마다 수많은 상념이 교차된다. 도로의 양면에 서 있는 메타세쿼이아와 대비해서 '곡선과 직선의 마주 섬'이라 하시던 ㄱ시인의 말씀이 생각난다. 천변을 걷고 있으면 어린 시절 아빠와 함께 걸었음직한 길이라는 나름의 상상에 빠지곤 한다. 그러다가 문득, 새로운 사실을 발견했다. 천변의 버드나무에는 유록색의 새싹이 있기 전에 줄기줄기 갈색의 마른 잎이 매달려 있었던 것. 삐죽삐죽 잎눈이 돋으며 멀리서 보면 유록색의 뭉텅이가 떠 있을 무렵에도, 지난해의 나뭇잎은 같이 붙어있었을 것이었다. 그러나 봄을 기다리는 나는 유록색의 잎눈에만 관심이 있었다. 떠나길 싫어하는 겨울바람이 꽃샘추위와 손을 잡고 마른 잎들을 흔들어대니 봄날의 낙엽은 스멀스멀 자취를 감추게 되고 그 자리에는 하루가 멀다하고 잎눈이 자라났던 것이다.

그러던 게 올해, 이 봄에야 옅은 갈색의 고엽이 붙어 있는 것을 발견한 것이다. 긴 겨울 동안 붙어 있어서 새삼스러울 것 없는 자연의 현상이련만 봄을 기다리던 내 눈은 새로 난 잎의 변화만 쫓고 있었다. 이제 나는 마른 잎이 얼마만큼 사라지는지에 새로운 관심을 쏟고 있다. 2, 3일 혹은 주가 바뀌면서 연두색은 짙어가고 옅은 갈색은 사라져 갔다. 그러나 완전히 사라지는 것은 아니었다. 심지어 초록 잎이 자라 잎새가 넓적해져서 제법 수양버들다워졌을 때까지도 갈색 잎이 매달려 있었다.

인간도 마찬가지였다. 시대가 바뀌는 것도 그러하리라. 신앙을 갖고, 회심을 하여 새로운 생을 살겠노라고 결단을 해도 생각과 마음과 몸에 깊이있는 옛 습관은 하루아침에 사라지는 것이 아니었다. 여느 때는 새사람이 된 듯해도 극한적인 상황이 되면 옛 모습이 되살아나고, 처음 사랑이 식기도 일쑤였다.

한 여성이 기독교를 안 믿는 남자와 사랑에 빠져 "결혼 후에는 같이 믿는다"는 다짐을 받고 결혼을 했다. 그 남자는 결혼이 목표였기에 '그냥' 대답했다고 한다. 그러나 삶에서 신앙을 빼놓을 수 없는 아내와 결혼이 목표였던 남편의 결혼생활은 묻지 않아도 알 수 있을 터, 약속을 했지만 마음이 안 내키니 어쩌는 수 없이 세월만 흘렀다. 그러다가 예배에 참석하면 '맥주를 사 주겠다'는 희대의 약속을 내 건 아내의 지략과 실천에 '카~ 하고 맥주 마시는 맛'에 교회를 다녔단다. 그러기를 수 년, 남편은 생업을 접고 신학대학에 진학하게 되고 목회자가 된다. 여기서 끝이 아니라 아들도 대를 이어 성직자의 길에서 오늘도 그분의 뜻을 이루기 위한 인내를 기꺼이 담당하고 있다. 나는 이 이야기를 아들 목회자로부터 듣고 그 어머님의 사랑과 오래 참음이 이들 부자의 인생을 만들어간다는 생각을 하며 이 글을 쓰고 있다. 궁극적으로는 이분들이 믿는 신이 택하셨다고 여기겠지만 인간의 노력 없이 신의 뜻이 이루어지지 않음을 성서는 증언하고 있다.

인간의 구습은 하루아침에 뿌리가 뽑히는 게 아니고, 어떤 부분은 자신의 노력으로 어찌할 수 없는 불가항력적인 것일 수도 있다. 더구나 내 한 몸도 맘대로 안 되는데 아들까지 '같은 방향을 바라볼 수 있게 하기'까지 그 어머님이 흘렸을 땀과, 눈물과, 간구의 무게가 얼마나 컸을까? 멀리서 볼 때는 초록색인데 가까이에는 분명 갈색의 마른 잎이 있으니, 그 사이에서 겪어야 하는 갈등을 어떻게 풀어냈을까?

그러나 갈색을 보며 한숨짓지 말아야 할 일이다. 낙심하여 슬퍼하지 말 일이다. 아무리 갈색 잎이 있다한들 초록은 짙어가고, 녹색이 줄기를 덮으면서 갈색 잎은 사라진다. 느릿느릿

그러나 완전하게. 그러므로 갈색 잎에 연연하는 것은 현명치 못한 일이다. 달릴 때는 뒤를 돌아보지 말라는 말이 있지 않은가. 수양버들이 치렁치렁 바람에 휘날리며, 지나가는 이들의 넉넉한 쉼터가 될 그날을 기다리며 사랑만 해야 할 일이다. 사랑은 오래 참고, 모든 것을 바라고 믿으며, 무례하지 않고, 더구나 남몰래 흐르는 눈물임을 잊지 말고.

단풍, 이 가을에 눈 뜨게 하다

 문득 눈길이 닿을 때마다 참 곱다는 생각을 하곤 했다. 발치의 은행나무부터 단풍나무, 조팝나무, 무더기로 모여 있는 영산홍에 이르기까지 하루가 다르게 물들어가는 정원을 보며 손이 닿는 곳에 가을을 놓아두신 것에 감사했다. 노란색, 갈색, 붉은색이 상록수와 더불어 은근하고 투명하게 어우러지는 작은 공간. 현란하지 않게 조화를 이루고 있었다. 외출했다가 어스름 저물녘에 돌아오며 마주하는 우리 동네의 가을 풍경에 새 하늘 새 땅이 열리는 듯한 환상에 젖었다면 지나친 미화일까.
 여기저기서 야단들이다. 이 가을 단풍이 우리를 부르는데 집에만 있느냐. 친절한 어느 분의 안내로 동상면 저수지 부근의 단풍을 찾아 나섰다. 아파트 베란다를 통해서 가을을 만나면서 감격하던 나는 산속의 단풍을 보면서 종달새가 되어 갔다. 그것은 산 능선을 따라 몽글몽글, 다보록이, 브로콜리 송이마냥 시작도, 끝도 없이 이어지고 있었다. 노랑, 주황, 갈색이 주조를 이루는 파스텔 색조의 단풍산은 동상저수지에 비친 자기 모습을 훔쳐보는 불혹의 여인이었다.

"이런 단풍을 두고 뭐 하러 사람 발에 차이는 내장산을 찾아갈까요?"

누군가 운을 떼었다.

눈으로는 온 산이 융단으로 덮인 동상면의 단풍을 쫓으면서 상념은 30년이 더 지난 내장산의 단풍을 찾아간다. 그 이름에 걸맞은 내장산 단풍의 진면목을 본 것은 70년대가 저무는 마지막 가을이었다. 알맞게 수액을 간직한 나뭇가지 끝에서 오색의 단풍이 자기만의 색깔을 잎맥 하나하나까지 혼신을 다해 피워내고 있었다. 다른 색깔과는 융화를 불허하는 오직 자기만의 개성으로. 그 광경은 '찬란함', '광휘', '순수', '정수', '본질' 어느 한 낱말로 적확하게 표현할 수 없고 이 어휘들의 융합으로도 그 장면들을 그려낼 수 없을 듯싶었다.

대학 졸업반에 맞은 10·26 사태는 한 치 앞을 내다볼 수 없는 개인과 국가의 앞날을 이중의 부담으로 떠안겨 주었다. 졸업논문, 국가고시를 준비하던 우리는 온 나라가 황당해하던 유신의 종말을 맞으며 휴교령 아래서 그저 속수무책일 수밖에 없었다. 계엄령이 선포되었건만 가을은 어김없이 깊어가고 단풍은 더욱 찬란했다. '국파산하재(나라는 망했으나 산하는 여전하다)'의 경지였다. 인간은 어느 상황에서도 그만그만한 희열은 있는 것인지. 오히려 극한 상황에 이르면 유희를 찾는다던가. 우리는 내장산의 단풍을 보러 학교 정문 앞에 포진한 장갑차를 지나 버스를 달렸다. 그리고 오색 단풍에 몸과 마음을 흠뻑 적셨다. 서래봉에까지 오르며. 4학년 2학기 대학신문 기자의 망중한인지, 한중망인지 훗날 사진의 제목을 붙이며 웃기도 했는데 그 웃음 뒤에 묻어나는 것은 회색빛 음울함이었던 것을 기억한다.

  여한이 없었다. 단풍에 대해서는. 그날의 단풍과 산행의 정경은 뇌리와 정서에 깊이 새겨져 여느 단풍은 눈 가장자리에 차지도 않을 뿐 아니라 그 후 내장산이 자기의 본 모습을 보여주는데 인색했어도 전혀 섭섭하지 않았다. 오히려 그때마다 이싱을 선언하게 산식하고 싶었다고 할까.

  그런데 어느 순간에 들어온 단풍의 또 다른 모습에 감탄이 터져 나온 것이다. 나뭇잎의 색깔이나 모양이 어떠하든, 한 그루의 나무에도 햇빛이 비치는 면과 그 반대편의 빛깔이 다른 단풍의 묘미, 빨갛고 노란 잎새 속에 유난히 푸른 이파리의 신선함, 나뭇잎뿐 아니라 줄기까지 걸맞게 물들어가는 조화로움,

산 전체가 불그레하게 취해 있는 모습도 좋거니와 한 그루 나무가 밑둥에서 시작하여 꼭대기에 이르러서는 나뭇잎의 색이 다른 것도 아름답다 여겨지는 것. 그러다 보니 이즈음의 가을 산과 단풍은 아름답지 않은 것이 없게 되었다.

색감의 차이일까, 미감의 변화일까? 빨강, 초록, 노랑, 자주 등의 원색의 선명함과 단풍잎의 단일한 형태를 사랑하던 것과 노랑, 주황, 갈색의 조화와 은행잎, 갈참 나뭇잎, 산벚 나뭇잎의 다양함을 사랑하는 눈과 마음의 차이려니. 자연은 예와 같을 테니 달라진 것은 내 눈이다. 사물을 총체적으로 보는 안목과 조화와 균형 감각이 생겼다고 해야 할까. 세상을 살아온 만큼 내 마음이 둥글해졌다는 뜻일까. 사물과 사건을 폭넓게 이해하는…….

그러나 이러한 나의 변화가 모두 긍정적일 수만은 없다. 내가 저어하는 일은 가치관이 퇴색하여 세상 조류에 휘말려 버리는 일, 포장된 언어로 상황에 맞춰 부드럽고 번지르르하게 흘려버리는 일, 나의 실수가 드러날까 염려하여 남의 실수도 두루뭉실 눈감아 버리는 일 등이다.

이 가을에는 눈을 떠서 선명함을 되찾아야할 일이다. 때 묻고 빛바랜 '순수'를 찾아 얼룩을 지우고 본래의 색깔을 찾아 줘야 할 것이다. 경험과 연륜은 인간의 심성을 폭넓게 해주고 이

해심을 키워 주지만 원칙과 객관성을 벗어나 불의와 타협하는 것을 허락하는 것은 아니다. 더욱이 은연 중 무사와 안일에 빠져 쾌락에 젖어드는 것은 더욱 아닐 터이다. 자신과 시대의 모순은 무엇인가 하고 늘 깨어서 찾아보며 그것을 풀기 위하여 아프지만 힘쓰고 애쓰는 것이 오늘을 사는 나의 자세여야 할 것이다 .

2.
만남

만 남

 한 화가가 살고 있었다. 천상에서 내뿜는 빛을 쪼아 캔버스에 지상의 색조로 삶을 아로새기는 현란한 빛의 마술사였다. 그는 언제나 가슴까지 올라오는 멜빵달린 작업복에 베레모였다. 전시 작품집에 나오는 프로필 사진이나 동료들의 전시회에 축하객으로 오는 때조차도 다른 차림의 모습을 기대할 수가 없었다. 그런데 ㄱ화백이 어느 날 말쑥한 정장차림으로 병원에 나타났다. 이 세상에서 처음 얼굴을 마주하는 딸아이를 만나기 위해서였다나. ㅇ시인으로부터 부녀간의 첫 대면의 이야기를 듣고 ㄱ화백이 창출하는 색채만큼이나 진한 인상을 갖고 산다.
 만남.
 한 사람의 인생이 실타래가 풀리듯 펼쳐지는데 이 만남만큼 오묘하고 질기게 그를 형성할 수 있을까? 수많은 세월에 걸쳐 삼각주가 생기듯 삶의 한 켜 한 켜를 퇴적시키는 것이 아닐까? 어느 민족의 후예로 어느 풍토 어느 지역에서 태어나는가, 어느 부모의 자식으로 어느 친구를 만나며 어느 스승의 교훈 아래서 자라는가, 어느 종교나 책과 만나서 사고를 형성해나가는가, 어느 사회의 어느 세대에 속해 어떤 시대의식을 갖게 되는가. 그 모든 것은 운명적이든 유전적이든 자유 의지에 의한 선택이든 순간의 시작은 만남으로부터 연유한다. 삶의 반환점에 이르러 나의 만남을 되새겨보는 것도 성급하지 않으리라. 한눈에 비치는 기상도는 고기압권이다.

'쾌청함'

스치는 소슬바람에 '감사'의 향기를 실어 보낸다. 지금까지 사는 동안 수많은 만남이 있었는데 그때마다 늘 좋은 분들과 만남이 이루어졌다. 쾌청을 확인하기에도, 결실의 때가 아닌데도 '감사'라는 열매를 먼저 운운 하는 것은 이 모든 것의 원인이 내 자신의 노력에 의한 것이 아니고 생래적으로 받은 것이나 우연인 듯 와 닿는 타인으로부터 받은 은혜라는 생각이 굳어지기 때문이다. 내가 베푼 것이 모자랐지만 상대방은 넘치게 부어줬다. 보다 아름다운 것, 보다 귀한 것으로 되돌려 주었다.

목숨이 다하는 날까지 내 인생의 반석인 신앙의 세계와 만날 수 있음에 감사한다. 내 삶의 빛이요 소망이요, 꿈을 가능하게 해줄 신앙의 여정에서 외로움에 빠져있을 때가 있었으나 지금은 좋은 길동무와 함께 순풍에 항해 중이다.

　기독교와 만나면서 종교의 인간적인 면에 빠져드는 것 같다. 성서는 신에 대한 이야기인 듯하나 사실은 너무나 인간적인 이야기의 집적이다. 그리움의 근원인 나의 아버님이 일찍이 꿰뚫었던 "성서에는 인간사의 모든 것, 이를테면 정치, 경제, 도덕, 사랑, 미움, 욕망, 모사, 지략…… 등이 백화점처럼 진열되어 있다."는 고백이 가슴 깊은 곳으로 젖어든다. 아직도 숲의 초입에 있지만 한 그루의 나무로도 숲을 느낄 수는 있지 않은가.

　인간의 삶이라는 것이 부싯돌이 반짝하는 중에 이 몸을 의탁하는 것이라 할지라도 아버님과의 만남은 찰나도 아니었다. 그 분은 여섯 살 난 고명딸을 두고 무에 그리 급하셨던지 35년도 채 머물지 못한 이 땅을 순식간에 떠나셨다. 뻐꾸기 울음 속에 보리밭 너머로 황망히 사라지셨다. 지금도 귀에 들리는 듯…… 전주 신흥교회 석조건물 돌 그늘에서 "우리 아빠는 예수님이 데려가셨대요."라고 되뇌는 앵무새의 종알거림을.

　그분이 남긴 실체는 자그마한 테이블과 단 한 권의 책, 버트란드·러셀경의 『나는 왜 기독교인이 아닌가』와 몇 십 장의 디스크와 둔탁한 턴테이블의 낡은 전축이 전부였다. 애시당초 아버지에 대한 추억을 가지지 못한 딸은 주위 분들이 떨어뜨린 풀잎, 지푸라기, 나뭇가지를 부리로 물어 둥우리를 만든 한 마리 새였는데 사십을 바라보는 나이에야 그 둥우리의 모습을 그려낼 용기가 생겼다. 언뜻 이유 없어 보이는 전주의 거리거리와 공기까지를 사랑하는 것, 고창을 그리워하는 것, 가곡 '바위고개'를 이따금씩 부르는 것, 석조건물을 좋아하는 까닭을 들켜버린 듯하여 열적어진다.

옳음을 위해서는 어떤 어려움도 참아내셨던 분, 도저히 그럴 수 없는 상황에서 실천한 보편적인 인간사랑, 가난한 고학생에게 박봉을 털어 학업을 도운 분, 촌지를 거부하여 돌려보냈다는 공무원으로서의 그분이다. 줄줄이 딸린 형제들의 뒤치다꺼리에는 자존심도 버렸다는 맏아들의 무거운 어깨로, 가난한 농촌교회에서 무보수로 강단을 지킨 젊은 교역자로 짧은 삶을 길게 사신 것이다.

삶의 고비마다 딸은 아버지의 사고와 생활철학을 유추하며 살아왔다. 딸에게 아버지는 안 계신 곳이 없는 만남의 연속이었다. 아이들이 좋아하는 월트 디즈니의 '라이온 킹'의 주제가 'He lives in me'를 자신있게 부를 수 있기를 바랄 뿐이다.

인간은 만남을 통해 자신의 존재를 확인하며 새로운 세계를 발견하게 된다. 성숙이라는 세계에 도달하게 되는 것이다. 만남은 빛과 활력과 가슴 저린 아련함을 선사한다. 단 한 번의 만남으로 평생 그 그림자 속에 살 수도 있다. 또 만남을 준비하는 역할에 충실하기만 한 만남도 있다. 끊일 듯 끊일 듯하다 열정적으로 이뤄지는 만남도 있다. 좋은 만남은 서로를 정화하고 연단시켜 옥을 만든다. 삶을 윤기 있게 만들고 여유를 주기도 한다. 하지만 만나지 않았으면 훨씬 행복했을 만남도 있다.

  인간을 바라보는 같은 시각과 시대의 아픔에 함께 쓰라려하는 한마음일 때 만남은 동행으로 이어진다. 오래 참음과 멀리서도 지켜볼 수 있는 관심과 지칠 줄 모르고 찾아 헤매는 구함이 있을 때, 상한 상채기에 입 맞출 수 있는 아량을 지닐 때 만남은 어느덧 우리 앞에 다가서는 듯하다. 그러나 한 번 돌아선 만남이라고 해서 실망해서는 안 된다. 아름다운 뒷모습은 또 다른 만남으로 돌아올 수 있으므로.

  우리는 어쩌면 만남을 준비하며 사는 나그네인지도 모른다. 만남은 손 마주잡고 살 부비며 사는 것만이 아니다. 만남은 그 분의 뜻이 내 삶에 이뤄지는 것 자체다.

마음의 크기와 넓이, 깊이

　1998년 4월 경북 안동시 정상동에서 택지를 조성하기 위해서 여러 분묘를 이장하던 중 고성 이씨 가문 응태의 무덤에서 애절한 연서가 발견되었다. 부인이 남편에게 쓴 한글 편지인데 형 이몽태가 동생의 죽음을 애도한 만시와 시를 써넣은 부채와 함께 고스란히 보존되어 있다가 400여 년 만에 햇빛을 본 것이다. 흰지에 한글로 쓴 이 편지는 세로그씨로 띄어쓰기를 하지 않은 채 빽빽하게 써 내려갔다. 여백이 모자라자 윗부분까지 가득 채운 글자들이 글쓴이의 심정을 웅변한다. 현대어로 바꾸어 글맛이 떨어지는 듯하지만 편의상 고친 내용이다.

　　원이 아버지에게
　　　병술년(1586) 유월 초하룻날 아내가
　　〈당신 언제나 나에게 "둘이 머리 희어지도록 살다가 함께 죽자"고 하셨지요. 그런데 어찌 나를 두고 당신 먼저 가십니까? 나와 어린아이는 누구의 말을 듣고 어떻게 살라고 다 버리고 당신 먼저 가십니까?

당신 나에게 마음을 어떻게 가져왔고 또 나는 당신에게 어떻게 마음을 가져왔었나요? 함께 누우면 언제나 나는 당신에게 말하곤 했었지요. "여보 다른 사람들도 우리처럼 서로 어여뻐여기고 사랑할까요? 남들도 정말 우리 같을까요?" 어찌 이런 일들 생각하지도 않고 나를 버리고 가시는가요?

당신을 여의고는 아무리해도 나는 살 수 없어요. 빨리 당신에게 가고 싶어요. 나를 데려가 주세요. 당신을 향한 마음을 이승에서 잊을 수가 없고, 서러운 뜻 한이 없습니다.

내 마음 어디에 두고 자식 데리고 당신을 그리워하며 살 수 있을까 생각합니다. 이 내 편지 보시고 내 꿈에 와서 자세히 말해 주세요.

꿈속에서 당신 말을 자세히 듣고 싶어서 이렇게 써서 넣어 드립니다. 자세히 보시고 나에게 말해주세요. 당신 내 배 속의 자식 낳으면 보고 말할 것 있다하고 그렇게 가시니 배 속의 자식 낳으면 누구를 아버지라 하라시는 거지요?

아무리 한들 내 마음 같겠습니까? 이런 슬픈 일이 하늘 아래 또 있겠습니까? 당신은 한갓 그곳에 가 계실 뿐이지만 아무리 한들 내 마음같이 서럽겠습니까?

한도 없고 끝도 없어 다 못쓰고 대강만 적습니다. 이 편지 자세히 보시고 내 꿈에 와서 당신 모습 자세히 보여 주시고 또 말해주세요. 나는 꿈에는 당신을 볼 수 있다고 믿고 있습니다. 몰래 와서 보여주고 가세요. 하고 싶은 말 끝이 없어 이만 적습니다.〉

임진왜란이 발발하기 6년 전, 안동 땅. 젊은 지아비가 세상을 떠났을 때 아내는 하늘이 무너지고 땅이 갈라지는 절망의 와중에서 가슴에 짓이겨진 고통에 붓을 적셔 피울음을 휘갈겼을 것이다.

그런데 상황이 내 어머니와 너무나 비슷하다. 나이 30세에 유복자를 남겨두고 떠나간 지아비. 물론 양가 부모님에 앞서서. 하지만 어머니는 지금껏 그 깊고 크나큰 고통을 토로하지 않으시고 안으로 삭이시기만 했다. 사람의 인식체계는 인식이든, 정보든, 감정이든 입력이 되면 저장을 거쳐 출력을 하게 마련이다. 어쩌면 입력에서 출력으로 진행되어야 건강하고 발산이 되어야 농도가 엷어지는데, 그것을 가슴에 묻고 표출을 안 하면 더욱 고통스럽다. 어머니는 그 모든 고통을 혼자 감내하셨다. 딸인 내가 들은 적이 없다. 젊어서는 생활에 얽매여서 표출할 여유가 없으셨던 것 같고, 나이 드신 후로는 어느덧 슬픔을 잊어가며 사는 자식들의 상처를 건드리고 싶지 않으셨으리라.

이응태의 아내가 자신의 슬픔을 편지로 표출하여 결과적으로 후대인에게 전했다면 내 어머니는 아버님 장례 당시의 모든 흔적을 고스란히 간직하여 내게 우송하셨다. 반세기 가까이 단 한 번도 언급하지 않으셨던 모든 것들을 아버지에 관한 책, 『자유인』 -나의 아버지 황순재를 기획한다니 이제야 털어 놓는 것이었다.

장례식 당시의 애도사와 약력, 각계각층에서 보낸 조문엽서들, 전북일보에 게재된 부고 기사, 부의록, 심지어는 장례용품 지출 영수증까지…… 어머니의 슬픔의 실체가 되살아나 움직이고 있었다. 지금도 마음을 그린 형용사는 없지만 마음의 크기와 깊이는 이응태의 아내와 견주어 조금도 기울지 않는다고 느껴진다. 오히려 표출하기보다 참아 견디기가 더 어려움을 우리는 세상을 살면서 체득하지 않았는가?

 요즈음은 사례를 잘한다. 큰일을 치르고 나면 거의 답신을 보내 참여해주심을 감사하고 앞으로 애경사가 있을 때 갚을 기회를 달라고 정중히 요청한다. 하지만 정승의 장례보다 정승 집 개가 죽었을 때 더 많은 조문객이 모인다는 옛말이 있듯 기둥이 무너진 집안의 6세, 3세의 상주를 보고 전라북도 중등학교 선생님들과 행정실 직원 분들의 아낌없는 부조에 이제야 감사를 드린다. 갚을 기회를 주십사고는 말하지 못하는 사례편지를 띄운다. 특히 당시 전라북도청 학교관리과에서는 아버님의 장례일체를 학교관리과장으로 주관하여 주셨음에 다시 한 번 감사를 드린다. 마음의 크기와 넓이와 깊이는 보여줄 수도, 들추어 낼 수도 없음을 안타까워하며.

어머니의 사랑법

　어머니는 우리들이 자랄 때 아버지에 대한 말씀이 없으셨다. 불평이나 원망은커녕 자랑이나 그리움을 토로하지도 않으셨다. 적어도 내 기억 속에는. 고작 하시던 말씀이 "무책임한 사람 같으니……"가 전부였다. 사람이 말을 하는 것은 쉽다. 입은 절로 열려 무엇이든 쏟아내기를 좋아한다. 삶이 힘들고 괴로우면 어떤 대상을 삼아 화풀이라도 해야 억압이 기제가 해소되는 게 상식이다. 하지만 어느 면에서 불평과 원망은 극단적인 상황에서 보다 오히려 살만하니 쏟아내는 감정의 사치인지도 모른다.
　우리 형제들에게는 남달리 힘든 사실이 있는데 아버지 기일과 어머니생신이 같은 6월이어서 1, 2주밖에 차이가 안 나는 것이다. 어느 해인가는 하루에 겹친 때도 있었다. 평소 어머니의 생신은 음력으로, 아버지의 기일은 양력으로 모시다보니 부딪히는 불상사였다. 그래서 어머니의 생신조차 맘껏 축하드리지 못하고 살아 왔다.

평소 아버지 말씀이 거의 없으시던 분이 몇 해 전부터 아버지 비석을 언급하기 시작하셨고, 아버지 추모문집을 기획하니 한 뭉치의 서류를 내게 우송하셨다. 아버지의 설교노트, 이력서와 사령장들, 심지어는 '부의록'까지 50년이 넘는 세월을 넘겨주셨다. 몇 겹으로 포장한 그 물건을 펴 보는 순간 나는 또 한 번 오열해야만 했다. 그것은 여느 서류가 아니었다. 찢어진 노트 낙장까지, 불에 탄 임명장 한 조각까지, 장례절차의 황망함 속에 붓글씨로 쓴 완벽한 정자체의 '조사'와 빛바랜 근조엽서, 오려진 아버지 부고 신문광고까지. 아버지의 손길이 스친 것, 그분에 관한 것은 먼지까지도 보관할 셈이었던 것 같다.

반세기의 세월 동안을 사랑으로 허다한 괴로움을 삭이신 그분의 침묵은 일체의 웅변을 능가하였다. 그분의 오랜 참음은 가슴에 비수를 품은 형상(忍) 그대로였다.

다송에서 살 때였다. 어머니께서 저녁 설거지를 마치시면 늘 하시는 일이 있었다. 부엌에서 쓰는 식칼을 수건으로 돌돌 말아 당신 잠자리 요 밑에 밀어 넣는 것이었다. 그리고 잠자리에 드셨다. 나는 부엌칼을 그 이상으로 보지 못했다. 아니 다른 집 엄마도 그러시는 줄 알았다. 칼이란 그저 음식을 장만하는 도구 이상도, 이하도 아니라고 생각하고 편하게 살았다. 근래의 어느 시점까지는.

  나는 평소 내가 덜 영리하고 덜 예민하여 때때로 우둔한 것을 참으로 감사한다. 만약 어머니의 그러한 행동 언저리에서 생각을 깊이 했더라면 하루 한 시 편치 못했고 아무 일도 하지 못했을 것이다. 지금에 되새겨 봐도 소름이 돋고 가슴쓰린 정황인데, 만약 당시 유소년 시절에야 더 말해 무엇 하겠는가.

  그러나 창호지 문에 야트막한 담장이 전부였던 다송 시절, 감사하게도 우리는 좀도둑은커녕, 사람들의 차가운 눈초리 한 번 받지 않고 살아왔다. 어디가나 알아주고 누구에게나 사랑받으며. 그러기에 나는 더욱 세상을 모르고 살기도 했다.

  조선시대 여인네가 지녔던 은장도는 관념이 만들어낸 폐기처분된 흉물이라면 어머니의 그것은 최악의 상황에서 우리 네 식구를 지키기 위한 방패일 수도 있었다. 그분은 "이미 닭이 병아리를 품 듯 우리를 보호해 주십사"고 간절히 기도하시면서 신앙과 생활의 영역에서 온 맘으로 견디고 온몸으로 맞선 가녀린 거인이셨다.

  아버지께서 돌아가시니 우리는 전주를 떠나 고향 다송으로 들어갈 수밖에 없었다. 할아버님 그늘로 들어간다는 것이었는데 그때부터 여섯 살의 내가 들은 말이 "아이들 교육 때문에……"였다.

 이후 어머니 생활의 관심과 경제의 초점은 우리 삼남매 교육을 향해 있었다. 해서 맏이인 나에게는 그다지 어렵지 않게 교육의 여건이 조성된 셈이었다. 교육비를 축적하기 위한 어머니의 평소 절약생활은 피가 났다. 어머니는 얼굴 씻는 비누와 손발 씻는 비누를 구분하여 사오셨다. 그리고 비누의 밑바닥에는 은박지를 붙여서 쓰셨다. 비누곽에는 물이 고여 있기 마련이어서. 독일 사람들이 2차 대전 패망 후에 다섯 사람이 모여야 담뱃불을 켜서 담배를 피웠다는 이야기를 들은 것도 그 무렵이었다. 이런 어머니께서 다송교회 목사관을 지어야할 필요가 생기자 교회 옆에 있던 우리 밭을 흔쾌히 기부하셨다. 더 사서 보태도 부족한 우리들의 터전을.

 내가 익산의 ㅎ중고등학교에 부임한 후 얼마 되지 않았을 때였다. 원래 그 학교는 교회에서 세운 기독교 학교였는데 신입 교사들을 전도할 요량이었는지, 교회 일꾼을 모으려 했는지 나에게 ㅎ교회에 출석하라는 것이었다. 나는 다송교회에서 신앙생활 하던 중에 좀 더 큰 교회에서 배우고 싶었던 터라 직장에서 요구하는 바에 따르고 싶기도 했다. 하지만 어머니는 단호했다. 작은 시골 교회를 섬겨야지 교인도 많고 일꾼도 많은 큰 교회로 가면 되냐는 것이었다. 정녕 출석을 강요하면 사표를 쓰라는 것이었다. 중등학교 교사의 직업이 하찮아서가 아니었다. 사실 나의 중등교원 자격증은 어머니의 업적 1호였고 중등학교 교사 발령은 우리 가정의 경사였건만 어머니는 그 이상의 가치를 교회 섬김에 두는 것이었다. 나는 두말 하지 못하고, 결혼할 때까지 다송교회를 섬길 수밖에 없었다. 학교 역시 더 이상 언급하지 않았다.

 어머님은 자유의지를 존중하여 사랑에 성공하고 자아를 실현한 분이라고 감히 말한다. 거인이시다.

메타세쿼이아
- 나의 어머니

메타세쿼이아에 단풍이 들었다.
뿌리까지 마르게 하던 가뭄 이겨내고
휘몰아치던 태풍에도 꿋꿋하여
메타세쿼이아는 지금 화관무를 추고 있다.

가지 끝은 푸른 하늘에 닿고
줄기는 노을 너머까지 내달린다.
목말랐던 실뿌리로 빨아올린 물줄기는
천공의 어디까지 뻗쳐오를까

젊음을 다 사루어서 그님을 사랑하고

그 큰 사랑에 모든 것 드리신 어머니

이제
메타세쿼이아는 곱게 단풍이 들어
한 잎 남김없이 떨어지지만
님의 온기로 대지는 다시 새싹을 키운다.

온 누리는 새봄을 기다리며
싱그러움 속에서 사랑을 나눈다.

- 졸시 전문

옥합을 깨뜨린 여인

　성서의 사건 중에는 이해할 수 없는 상황과 해석이 있다. 베다니에 살던 마르다의 동생이며 나사로의 누이인 마리아가 예수님의 머리에 향유를 붓고 발을 눈물로 적시고 자신의 긴 머리카락으로 예수님의 발을 닦은 사건이 있다. 베다니는 남쪽 유대의 예루살렘의 성전 산에서 2.8킬로미터쯤 떨어져 있고 올리브 산 동쪽 경사면에 있는데, 예수님은 나사로의 세 남매에게 특별한 애정을 지니고 계셨다. 죽은 지 나흘이 지난 나사로를 살리신 예수님, 예수님께서 곁에 계셨으면 오라비가 죽지 않았을 것이라고 믿고 말하던 마리아. 예수님께 드릴 음식 준비에 분망하기보다는 예수님의 말씀을 사모하여 주님과의 깊은 교제를 원하였던 그녀의 '향유사건'은 이해할 수 없는 부분들이 있었다.

나는 예수님의 말씀이 이해되지 않았다. 가룟 사람 유다와 제자들의 생각과 의견에 공감하는 편이었다. 이 사건은 당시에도 토픽감이었는지 마태, 마가, 요한이 각각 기록하였는데 공관 복음의 내용을 종합하면 다음과 같다.

유월절 엿새 전에 예수께서 베다니로 가셨다. 그곳은 예수께서 죽은 사람들 가운데서 살리신 나사로가 사는 곳이다. 거기에서 문둥병을 앓았던 시몬의 집에서 예수를 위하여 잔치를 베풀었는데, 마르다는 시중을 들고 있었고, 나사로는 예수와 함께 음식을 먹고 있는 사람 가운데 끼어 있었다. 그때에 마리아가 매우 값진 순전한 나드 향유 한 근을 가져다가 예수의 발에 붓고, 자기 머리털로 그 발을 닦았다. 온 집 안에 향유 냄새가 가득 찼다.

제자 가운데 하나로, 장차 예수를 팔아넘길 가룟 사람 유다가 말하였다.

"이 향유를 삼백 데나리온에 팔아서 가난한 사람들에게 주지 않고, 왜 이렇게 낭비하는가?"

(그는 가난한 사람을 생각해서 이렇게 말한 것이 아니다. 그가 도둑이어서, 돈자루를 맡아 가지고 있으면서, 거기에 든 것을 훔쳐내곤 하였기 때문이다.)

그러나 예수께서 말씀하셨다. "가만두어라. 왜 그를 괴롭히느냐? 그는 내게 아름다운 일을 했다. 그는 나의 장례 날에 쓰려고 간직한 것을 쓴 것이다. 가난한 사람들은 늘 너희와 함께 있으니, 언제든지 너희가 하려고만 하면, 그들을 도울 수 있다. 그러나 나는 언제나 너희와 함께 있는 것이 아니다. 이 여자는, 자기가 할 수 있는 일을 하였다. 곧 내 몸에 향유를 부어서, 내 장례를 위하여 할 일을 미리 한 셈이다.
 내가 진정으로 너희에게 말한다. 온 세상 어디든지, 복음이 전파되는 곳마다, 이 여자가 한 일도 전해져서, 사람들이 이 여자를 기억하게 될 것이다."

 성서 본문은 마리아가 가져온 향유를 '값 비싼 순수 나드 향유'라고 하였다. 나드(nard)는 나르도스타키쓰 자타만시(Nardostachys Jatamansi)라는 향나무 뿌리에서 추출해낸 향기로운 점액성의 액체이다.
 이 향나무는 팔레스타인에는 없고 인도와 히말라야 고산지에서 자라기 때문에 나드 향유는 희귀 수입품이며 매우 값이 비쌌다고 한다.* 그 값은 300데나리온 이상의 가치를 지닌 것으로, 1데나리온은 당시 유대 노동자 하루의 품삯이라 했으니 한국의 노동자 일당을 10만원만 치더라도 3,000만원 이상이 된다. 게다가 옥합은 마리아가 가지고 온 나드 향유를 담은 것인데 '알라바스터'라고 한다. 알라바스터는 밤에 달빛이 비치면 빛을 발한다는 신비한 광석이다. 설화석고(雪花石膏)라고도 하는데 드물게 황색 또는 적색을 나타낸다. 설화석고는 대리석보다 물러서 가공하기 쉽기 때문에, 고대로부터 조상(彫像) 등의 미술·공예품의 재료로 이용되어 왔다. 값 비싼 향수만을 담는 최고의 향수병에 인도에서 수입한 최고가의 나드 향수를 담았다고 하니 옥합을 깨뜨린 이의 정성을 상상하고도 남겠다.

　마리아는 향유를 예수님의 머리에 붓고(요한복음에서는 발에 부었다 함) 눈물로 그 발을 흠뻑 적시고 자기의 긴 머리채로 발을 닦았다. 당시에 귀한 손님을 정중히 맞아들이는 일반적인 풍습은 몇 방울의 향유를 머리에 붓고, 발은 물로 씻게 하였다. 주로 하인들에게 맡겼다 한다. 기름을 머리에 붓는 것은 일반적인 일이었으나 발에 붓는 것은 두드러진 겸손과 상대방에 대한 애착을 나타내는 행동이었으리라. 또한 부유한 집 처녀들은 혼수의 하나로 옥합에 향유를 장만했다. 이러한 향유를 그녀가 생애를 바칠 신랑 앞에서 열어 보이는 것이 풍습이었던 것 같다.

　사실 마리아는 부모를 여의고 언니와 오라버니와 살고 있으며 집안이 부유한 것 같지는 않아 보인다. 그럼에도 불구하고 일 년의 품삯을 다 들여 산 향유를 예수님께 아낌없이 쏟아 부은 것은 제자들도 이해하지 못하는 예수님의 고난 -죽으심-을 대비한 것이라고 하였다.

　상식과 객관성에 물들어 살던 나는 마리아의 행위도, 예수님의 답변도 이해하기 힘들었다.

"온 세상 어디든지, 복음이 전파되는 곳마다, 이 여자가 한 일도 전해져서, 사람들이 이 여자를 기억하게 될 것이다."

*양교철 목사 설교집 3권 『나팔수』, 신우기획, 1996년 212쪽

나의 어머님이 '옥합을 깨뜨린 여인'이라고 결론지어진 것은 이십여 년이 다 된다. 상대는 아버님이지만 예수님께도 지극한 칭찬을 받으리라 생각한다.

결혼하여 철이 든 이후 외람되게도 두 분을 이어주는 그 강하고 질긴 힘이 무엇일까 하는 의문이 들기 시작했다. 가시밭 길이라는 말보다도 더했던 지난 세월동안 자신의 전 생애를 바쳐 마련한 어머님의 옥합은? 아낌없이 깨뜨릴 수 있었던 이유는? 어머님 삶의 버팀목은?

돈은 마련할 수 있다. 명예도 되찾을 수 있다. 건강도 보충할 수 있다. 할 수 없는 것은 시간을 되돌리는 일뿐이다. 사람들은 그것을 청춘이라 말한다. 그렇다면 어머님의 한 번 지나가버린 청춘은 어디서, 어떻게 보상받는단 말인가.

관습 때문에? 우리 3남매에 대한 책임 때문에? 아내를 실망시킨 세상의 남편들 때문에 낙망하고 싶지 않아서? 남자에 대한 미련이 없어서? 어머님이 재혼을 하지 않거나 못하신 이유가 눈망울만 새카만 우리들 때문이라는 것 잘 안다. 하지만 또 다른 연유도 있을 것 같았다. 더 깊고 깊은.

내가 중년이 되어 평정심을 소유한 상태에서 아버님에 대해

어머님과 대화할 수 있던 어느 날 어머님께 여쭤본 적이 있다.
"느 아버진 말이야 늘 그러셨어. '당신 만나서 난 감사해. 나는 참 행복하다'고."

그렇다. 나는 긴 의문의 명쾌한 답을 얻을 수 있었다. 지난 수 십 년간의 외로움과 경제적, 심지어 육체적 고통까지를 견디낼 수 있었던 원동력은 평범한 것 같지만 두 분의 정이요, 사랑 때문이었다.

생각나는 게 있었다. 아버님이 어머니께 보내셨던 성탄카드. 빨간 세인포티아가 선명했던 금가루 뿌린 크리스마스카드에 쓰인 글들. 내용을 다 기억할 수는 없지만 극존칭의 문체에서 풍겼던 예우와 존중의 분위기.

그 후부터 어머님이야말로 행복한 여인이라는 생각에, 부러웠다. 고작 7년여의 세월을 함께 살았지만 평생 존경하고픈 흠잡을 수 없는 인격자로부터 마음껏 사랑을 받았으니……. 그리고 진정을 토로한 입술의 30초가 가슴에 30년 아니 50년, 그 이상도 갈 수 있는 언어의 위력을. 하룻밤을 지내도 만리장성을 쌓을 수 있다는 속담이 말에 그치지 않는다는 사실을 나는 가장 가까이서 보았다.

어머님은 그 사랑, 그 믿음을 저버릴 수 없으셨던 게다. 아니 저버리지 않으시고 두 분 몫의 삶을 살아내시는 것이다.

일반적으로 합리적이고, 인간적으로 볼 때 나이 30세에 혼자 된 여인이 평생을 수절하는 것은 불가하다.

하지만, 하지만 사랑을 상식이나 합리성이라는 잣대로 잴 수 있으랴?

그해 오월의 행복과 불행

2009년 5월, 제게는 행복한 시절입니다. 내가 살아온 동안 지금처럼 아버님을 많이 부르고, 아버님에 대한 이야기를 서슴없이 나누고, 특히 어머님과 아버님에 대해 속내를 드러내 놓고 이야기한 적이 있었던가? 결단코 없었습니다. 해서 나는 지금 행복합니다.

지금 이 순간 1958년 7월 20일자 설교노트를 보고 있습니다. 빛바랜 누르스름한 종이에 연필로 쓰신 설교 초록. 한글과 한자를 섞어서 쓰신 설교 요약서 위에서 살아나는 아버님의 실체! 얼마나 그분의 뜻을 살려낼지 알 수 없지만, 난 그저 행복합니다. 아버님을 뵌 것만 같아서.

한 가지 봄날의 행복했던 기억이 떠오르네요. 아버님이 가시던 해, 〈춘향제〉를 구경하러 남원에 갔습니다. 도청 직원 분들과 함께했다고 들었습니다. 사람이 어찌나 많았는지 전주↔남원 간의 기차는 콩나물시루처럼 빽빽해서 어린 나를 사람들 머리 위로 헹가래 치듯 둥둥 띄워 기차 안으로 데려갔던 기억이 새롭습니다. 지금같이 집안에 몇 대의 승용차를 갖고 사는 시대의 어린이들은 상상도 할 수 없는 장면의 주인공이었던 저는 광한루에 도착한 후에도 인파 속에 파묻혔던 것 같아요. 어찌 되었는지 저는 마이크 앞에 섰습니다.

"이름은 황숙, 나이는 여섯 살, 전주시 노송동에 사는……."

미아를 찾는 방송을 듣고 찾아 온 아빠에 의해 가족의 품으로 돌아왔습니다. 춘향이나 광한루의 기억은 전혀 없고 기차간에서 둥둥 떠다니고, 방송을 했던 기억만 또렷합니다. 엄마는 셋째 임신 중이었고 아빠는 한 손에는 동생 진이의 손목을 쥐고, 한 손에는 제 손목을 꼭 쥐었겠지요. 아마 그 〈춘향제〉의 추억이 아빠와의 마지막 행복한 나들이였을 겁니다.

2009년 5월 23일 오전 6시 40분 경 노무현 전 대통령이 자신의 고향마을 뒷산 부엉이 바위에서 몸을 날려 죽음을 택했습니다. 향년 64세. 전직 대통령으로서 포괄적 수뢰용의 혐의로 자신과 형님, 부인, 아들, 딸이 검찰에 소환되고, 수족과 같았던 비서와 동료들이 이미 줄줄이 수감되는 아픔을 겪었습니다. 하지만 강하고 뚝심있는 성격의 그분이 14행의 짧은 유서를 남기고 생을 마감할 줄은 정말이지 상상도 못했습니다.

어제까지 살아서 말씀하시고, 가족과 함께하시던 분이 몇 시간 만에 돌아올 수 없는 곳으로 가신 것은 나의 아버님과 똑같은 상황입니다. 부인 권 여사와 건호, 정연 씨가 겪을 그 황당함은 46년 전의 우리 가족이 겪은 것과 비교할 때 어떠할까요? 주무시다가 돌아가신 것보다 자신의 의지로 떠나셨다는 점이 더 큰 상처를 줄 것입니다. 그리고 그동안 함께한 시간과 비례해서 아픔이 더 클 것입니다. 받은 사랑, 같이 한 추억, 행복했던 과거가 남은 이들을 더욱 못 견디게 할 것입니다. '노사모(노무현을 사랑하는 모임)'를 비롯한 그분의 지지자들의 행동을 보며 더욱 쓰릴 것입니다.

나는 행복한 이 5월에 아픔을 당한 이들의 심정을 헤아립니다. 그리고 저처럼 반세기쯤 지나면 아버님의 이야기를 자유롭게 할 수 있을까요? '삶과 죽음이 모두 자연의 한 조각임'을 체득하려면 얼마나 많은 세월의 퇴적이 이루어져야 할까요? 그때쯤이면 우리 아버님은 훌륭하신 분이라고, 모진 가난을 이겨내고 몸을 일으켜 제도권에서 인정을 받고, 불의와 싸워 정의를 실현하고, 못 배우고 못 가진 자의 편에서 '사람 사는 세상'을 만들기 위해 변혁하고 개혁하여 일했다고 자랑스레 말할 수 있겠지요. 하지만 너무나 서민적이어서 대통령에 걸맞지 않은 언행도 했다고……. 흠이라면 그것뿐이었다고. 동반 성장, 지방 분권, 균형 발전시키려고 몸부림 친 것이 그렇게 잘못이냐고 항변할 수도 있겠지요.

행복하다고 고백했는데 눈물이 흐르네요.
돋보기안경 밑으로 방울이 흘러 떨어지네요.
새로운 슬픔을 맞은 유족과,
하나님을 모르고 떠난 고인이,
끊일 줄 모르고 지속되는 고난을 겪는 이 민족이
안쓰러워
가슴이 먹먹하네요.

모양성에서 만난 그분

 사랑하는 아들아, 딸아!
 엄마는 어제 고창에 강의하러 갔다가 고창읍성에 들어가 이 곳저곳을 다니며 소나무를 보며 느티나무 아래 앉아 있기도 하고, 객사, 동헌, 장청 등의 사진을 찍으며 혼자만의 호사를 누렸다. 석호는 초등학교, 석희는 유치원 시절에 함께 왔던 모양성인데 기억나니? 특히 석희는 긴 머리채를 휘날리며 아빠랑 모양성 위도 함께 걷고 사진도 찍었는데…… 그때가 엊그제 같구나.
 그리고 성 밟기를 했단다. 언제부터 하고 싶었는데 기회가 안 닿았지. 처서는 지났다 해도 땀 범벅이가 된 채 때로는 오르막, 때로는 내리막길인 성 위의 길을 혼자 걸었는데…… 왠지 좋더라. 한 바퀴 돌면 다리 병이 낫고, 두 바퀴를 돌면 무병장수하고, 세 바퀴를 돌면 승천한다는 유래가 있는 모양성 밟기. 이 소망 때문이 아니라 고창이 좋고, 변하지 않았을 모양성이 좋고, 모양성 위에 뜬 해와 달은 여전히 옛 것이기에 동질감을 느끼고 싶어서였지.
무엇과의 동질감인지 궁금하지 않니?
시간을 초월한 내 아버님과의 그것이란다. 여섯 살 때 영원히 헤어진 아빠의 자취를 어느 곳에서 찾아 볼 수 있겠니? 지인들이 추억을 더듬어 말씀해 주신 아버님에 대한 이야기도 소중하다. 하지만 아버님 가신 지가 올해로 46년. 반세기가 되어 가니 증언해 주시는 지인들이 감사할 뿐이지 실체를 잡기가 힘들구나. 이곳 모양성에서 그분도 성 밟기를 하며 상념에 젖었을 법하기에 모양성, 고창고에 오면 그분의 체취를 맡을 것만 같단다. 학교는 해마다 새 주인으로 바뀌고 숱하게 역사가 새로워졌을 테지만, 모양성은 그래도 덜 변했을 것이고 모양성에 뜨고 시는 해와 달은 우리 아버님과 나를 알고 우리의 고뇌까지도 알고 있을 것 같아 모양성에 정이 더 가는구나. 변치 않는 십장생들이 모양성에는 많이 있지 싶다.
해, 산, 물, 바위, 구름, 소나무…….

돌아가신 때가 34세였으니 엄마는 이제 외할아버지 인생 선배의 나이. 언젠가 뵌 아버님은 젊은 멋쟁이셨는데 난 중년 여인이라는 것이 꿈속에서조차 인지가 되더구나. 꿈을 깬 후 나는 기쁨과 슬픔이 교차하는 묘한 감정에 휩싸이고 말았다. 엄마는 청년 아버님만 어렴풋이 기억될 뿐 80세의 아버님은 그려지지 않는구나. 젊은 아빠만 모시고 산다고 해야 할까?
 피천득 선생이 「엄마」라는 수필에서 "… 삼십 시대에 세상을 떠난 그는 언제나 젊고 아름답다…." 했는데 피 수필가의 느낌에 온전히 공감한단다.

 외할아버님이 공부하러 고창에 오신 것은 1944년. 일제의 압박이 최고조에 달했을 때이다. 초등학교를 마치고 중학교 진학을 하려할 때, 다송에서 익산, 전주를 거쳐 고창까지 오신 연유는 무엇이었을까?
 사실 엄마의 작은아버지들과 고모들은 이리(지금의 익산시), 전주에서 중고등학교를 다니셨다. 그런데 이곳까지 오신 이유는 고창중학교의 독특한 학풍 때문이라고 생각되는구나.

 고창중고등학교는 1918년 고창군 부안면 오산리 소재 오산기독교회당을 가교사로 하여 학생 8명을 모집하여 일본인 마스도미 야스자에몽 장로가 문을 열었다. 그 후 1919년 4월 사립오산학교로 인가를 받았다. 일본인이 세운 학교였지만 마스도미 교장은 독실한 기독교 신자로 인류애를 실천한 양식있는 분으로 학생과 교사의 신망과 존경을 받았다고 기록되어 있다. 그런 그의 보편적인 사고는 자연스레 이 학교의 학풍과 전통으로 내려온 듯하다. 또한 그분 외에도 일본인 교사들이 있었지만 학교의 민족적인 색채는 퇴색되지 않았다.

그 후 1921년 제 1차 세계대전 이후 경제공황으로 마스도미 교장의 단독 경영이 어려워 폐교를 결정하자, 22년 2월 2일 고창군민 대회에서 학교를 인수, 경영하기로 만장일치로 결의하여 양태승 교장에 의해 민족의식이 유별난 고창군민의 학교가 되었다고 한다. 6·10만세 운동이나 광주학생사건 동정 궐기대회 등을 통하여 항일 독립투쟁을 승화시켰는가 하면 1937년에는 일본 신사참배 거부로 강제 폐교된 기독교학교인 전주 신흥학교 전교생을 전입시킬 정도의 독자적인 교육을 실천할 수 있는 학교로 성장, 발전했다니 얼마나 대단한 학교니? 뿐만 아니라 실력있는 학생들을 배출하여 각계각층의 동량을 배출하여 국어학자 정인승, 한갑수, 시인 서정주, 조재준, 김영현 등이 이 학교 동문이란다. (이상 『고창중고 60년사』 참고)

우리 교육사 초기의 명문교들이 대개 그렇듯이 지·덕·체를 바탕으로 이뤄진 전인교육의 수준도 대단했다. 외할아버님은 고창고를 다니시며 기독학생회에서 활동하셨다고 한다. 고창고는 명문학교로서 민족의식뿐 아니라 인류공영을 위한 보편적인 사랑과 교양인의 폭넓은 사고를 형성시키기에 충분한 교육적인 환경이었던 것 같다. 이런 학교를 찾아 익산시에서 고창군까지 할아버님의 할머님을 모시고 유학을 오신 것이다. 고창에서 중고등학교를 다니며 꿈을 키우시다 대학교 진학도 같은 고창 출신의 인촌 김성수 선생이 세운 고려대학교에 진학한 것은 자연스런 결정이었을 것이다.

한데 고려대 정법대학 정치학과에 진학하신 분이 광복과 정부 수립으로 이어지는 현대사의 소용돌이 속에서 일어나는 좌우 이념대립이나, 대한민국 내의 분열과 갈등에 무관심하거나 초연할 수 있었을까? 식민지하의 지식인이셨던 그분의 고뇌는 유신시대나, 진보·보수의 사이에서 가치관을 정립해야하는 우리 세대보다 훨씬 진하고 복잡다단했을 것이다. 그분도 모양성을 돌며 고뇌를 삭였을 것 같구나. 학교와도 가까운 이곳에 와서 기도를 하며 하나님의 뜻과 섭리를 물었을 것이라고 감히 나는 생각한다.

성문을 지키는 수문장을 만나 이야기도 하고 문화재해설사의 설명도 듣다가 〈고전문학의 이해〉 강의에 들어갔다.

너희들은 엄마의 이런 행동이 이해가 되니?

곁에 있을 때는 그 존재에 대한 소중함을 못 느끼지. 하지만 부재 시에는 큰 그리움으로 그분을 찾는단다. 실체는 없을지라도 멀리서나마.

2009. 8. 25. 너희들과 함께 할 수 있어서 행복한 엄마.

봄 숲 속, 가을 하늘같은 분들

내가 그분들을 처음 뵌 것은 초등학교 저학년 때로 거슬러 올라간다. 할아버님을 따라 전라북도 교육청 관리국장실에 들어갔을 때, 안경 너머로 깔끔한 인상에 맑은 목소리의 관리국장님을 만나 뵌 것은. 그때마다 학용품 등의 선물을 주시며, 전주비빔밥을 함께 먹었다. 아버님이 살아 계셨더라면 이 건물 안에 계셨을 것이라고 막연히 생각하며 그저 할아버님을 따라 전주 나들이를 했었다.

후에 들은 이야기로 아버님 친구들과 연락이 된 것은 순전히 그분들의 따뜻함에서 비롯되었다. 고향 익산에 살던 어느 해인가 다송초등학교에서 급한 연락이 왔단다. 예고도 없이 도교육청에서 손님이 오셨는데 만년 육성회장이시던, 친정 할아버님을 찾는다는 것이었다. 아버님 동료 분들이 학교 앞 도로를 지나시다가 아버님을 기억하시고 다송학교에 들어오신 것이다. 장례식에 참석하셨던 분들이고 같이 근무하셨던 학교관리과 직원분들이셨다. 선산 옆에 있던 다송학교를 기억하신다해도 그리운 사람도 없을 그곳을 지나치지 못하는 마음. 생각은 하지만 그것이 행동에 옮겨지기가 쉽지 않음을 우리는 매번 겪는데. 그렇게 해서 우리와의 만남이 이어졌다. 우리 가족에게 있어서 의도적인 만남은 아니었다. 그분들이 찾아 주지 않으셨다면 우리가 도교육청을 찾지는 않았을테니까. 어떤 명분으로 그분들을 찾을 것이며 무슨 말을 한단 말인가.

아버님이 도교육청 학교관리과에 근무하신 기간은 1962년 4월 23일부터 63년 6월 25일까지 14개월 동안이었다. 1년 남짓 함께한 동료의 유자녀를 보살피는 것은 너무나 인간적인 그분들의 인품과 인격이 아니고는 불가능한 일이고 동시에 우리 형제들에게는 세상을 다시 바라보게 하는 일이었다. 우리 삼남매는 자신들의 처지를 비관하거나 세상에 대해 절망할 수가 없었다.

도교육청 관리국장을 거쳐서 후에 전주 한일고등학교장을 역임하신 김재규 교장선생님은 막냇동생을 군산 제일고등학교로 입학하게 하여 주야로 보살펴 주셨다. 역시 도교육청 관리국장으로 재직하시던 채정묵 님은 필자의 중고교 시절부터 관심을 가져 주시고, 대학 졸업 후 중등학교 발령에 도움을 주셨다. 두 분의 물심양면의 후원은 이루 다 말할 수가 없다. 김 교장 선생님은 전주 서신동에 거주하시기에 간혹 안부라도 여쭙지만 전주를 떠나신 채 국장님은 한동안 연락처도 모르고 살아왔다. 내가 결혼한 후 게을리 했기 때문이다. 그 후 나는 전주시 교육청에서 주관하는 '은사 찾기' 운동에도 신청했으나 실패했다.

 그러나 이렇게 '그냥' 사는 것은 사람의 도리가 아니라고 생각되었다. 그분도 섭섭하리라는 생각이 들었다. 마음이 타기 시작했다. 그 후 김 교장선생님을 통해서 가까스로 연락이 닿아 채 국장님과 통화하던 날을 잊을 수 없다. 전화선을 타고 들려오는 그 맑은 목소리를 확인하고 나는 안도의 한숨을 쉬었다. 사실 이제는 팔순을 바라보는 분이시기 때문에. 여전하신 듯했다. 너무 감사했다. 그 후 우리 형제들이 서울로 찾아뵙겠다고 했지만 극구 사양하시며 기회를 주지 않으셨다.

 초가을 어느 날 전주에 내려오신 채 국장님을 뵌 날은 두 세대가 훌쩍 지나간 후가 되고 말았다. 필자의 결혼식에서 뵙고, 내 아이들이 결혼할 때가 되었으니 나로부터는 한 세대요, 아버님으로서는 두 세대가 지난 것이다. 남편과 함께한 자리에서 '내 딸'이라고 말씀하시던 표정을, 아버님을 만난 것 같이 기쁘다고 하신 그분을 나는 생각만 해도 감사하고 행복하다.

 채 국장님은 서울시 남부 교육장과 서울시 교육위원회 의장을 끝으로 정년퇴직 하셨다. 그리고 평생 동안 교육행정직에 몸담아 실행하셨던 교육의 경륜과 정책들을 중국 연변대학 겸 직교수로서 국외에까지 펼치고 계셨다.

    봄 숲 속만큼이나 풋풋한 희망을 안겨주시던 분들,
    가을 하늘만큼이나 심신을 맑히시던 분들,
    당신들이 계셨기에 세상은 차갑지 않았습니다.

부디 행복하시고 건강하시길 바랐지만 채정묵 님은 2011년 7월 27일 17시 20분 영면하셔서 우리에게 큰 아픔이 되었다.

마음으로 볼 수 있는 곳
- 문무대왕 수중릉

  완산칠봉에서는 지던 산벚꽃이 지리산 등허리에는 만개해 있다. 신록과 어우러진 꽃들이 눈에 넣어도 안 아프겠다. 새순과 신록의 아름다움이 가슴에 젖어온다. 어제 내린 봄비로 시야는 투명한데 문득, 배꽃이 흰 눈이 되어 내려앉았다. 조팝나무 꽃은 잔설인가. 산을 넘으니 등꽃이 매달려 있다. 4월 말인 이즈음에 5월의 꽃으로, 향기로 기억되는 등꽃을 보며 님으로 달려왔음을 깨닫는다.
  이번 경주행은 특별히 설렌다. 경주지도를 펼쳐 든 나는 왜 이 도시가 천년의 옛 도시인지, 세계문화 유산에 등재되었는지, 지진이 났을 때 우리 모두의 가슴이 철렁하여 추이를 주목하며 마음을 졸였는지 느낄 수 있었다. 경주 시내는 물론이거니와 사방의 산과 골짜기에 널려있는 무수한 절과 탑과 마애불, 무덤들이 신라 천년의 역사와 문화를 고스란히 전해주고 있었다. 『삼국유사』에서 읽었던 이야기와 인물과 관련된 유적들이, 문화재들이 어깨동무를 하고 서라벌 고을에 옹기종기 모여 있었다.

"사실 바닷가에 바위 하나 밖에는 없습니다. 문무대왕의 능은 없고 어떤 기록에도 장사지냈다는 내용이 없습니다. 다만, '자신이 죽으면 용이 되어 동해의 왜구를 지키겠다'는 대왕의 유언을 받들어 불교식으로 화장을 해서 뼈를 바다에 뿌렸다는 기록만 있을 뿐입니다. 산골처만 있지요."

그리고는 '흩어질 산, 뼈 골, 곳 처'라고 힘주어 발음했다. 역시 원하시는 분만 바닷가에 다녀오시라고 경주시 관광 안내자는 건조하게 말했다. 우리 부부는 용수철인 양 튕겨져 나갔다. 짙푸른 동해의 물색을 배경으로 몽돌에 가까운 해변에 사람이란 두어 분이 계셨고 우리 버스에서 내린 관광객이 보태졌다.

그 아득함 속에서 지나칠 수 없는 광경을 발견했다. 자갈 위에 상도 없이 사과 두세 알, 마른 오징어 한 마리 등 조악하기 이를 데 없는 제수를 차려놓고 하염없이 절을 하고 있는 할머니. 봄바람에 견디기 어렵지만 손가락을 모두어 촛불을 보호하며 기도준비를 하고 있는 중년부부.

"대왕암을 향해 기도하면 소원이 이뤄진대요?"

물음도 아닌 말을 건넸다.
"예."
경북 경주시 양북면 앞바다의 대왕암이 왕의 수중 무덤이다. 푸른 물색과 망망한 동해에 한 낱 두 세 모둠의 바위가 전부인 문무대왕 수중릉, 대왕암의 풍경화다. 하지만 731년 일본의 병선 300척이 신라를 침입했을 때, 신라가 이들을 대파했다. 문무대왕의 간절한 염원에 해군을 육성해 온 신라의 국방정책이 거둔 성과였다.
"당신이 그렇게도 와 보고 싶어 하던 곳인데……."
남편도 한마디하며 사진을 찍어줬다.
다시 차에 오르자, 안내자는 이현대를 설명했다.
"아버지가 그리우면 신문왕은 이현대에서 멀리 대왕암을 바라봤답니다. 왕은 바닷가에 갈 수도 없었으니까요."
뭔지 모르는 감정이 코끝을 스치고 지나갔다.

차는 벌써 감은사지에 닿는다. 아버지 문무대왕을 위해 31대 신문왕이 지은 절, 감은사(感恩寺). 주차장에서 절터로 오르며, 유홍준 선생의 글을 떠올린다. '아, 감은사여, 감은사여!'라는 말만 계속하겠다는 유 선생과 '돌이 말을 건다'고 감상을 말했다는 그의 제자.
유록색의 여린 잎이 하늘거리는 계절, 내 맘이 까닭 없이 설레는 이 시기에도 유 선생과 제자의 감정과 동화되기에는 난 멀어도 한참 멀었다.

"동해에서 적을 지키는데도 피곤하지 않겠어요? 그러면 이 법당 부처님께서 앉아 계신 자리 밑에 들어오셔서 쉬시다 가시라고 용의 자리를 파놓았답니다. 저 출구가 용이 들고나시라고 판 자리예요."라고 말하며 안내자는 금당 아래 동쪽을 향해 뚫린 구멍을 가리킨다.

'일법당 쌍탑구조'인 감은사지는 발굴 현장처럼 돌이 지금껏 벌어져 있었다. 신라 석탑 구조상 가장 완벽한 조형미를 갖추고 있어서 이후 신라 탑의 전형이 되었다는 삼층석탑은 천 이백년의 세월을 견딘 석탑답게 바람과 햇빛을 다 수용한 자태였다. 하기는 감은사를 복원하는 의미보다는 주춧돌을 그대로 보여주는 것이 더 감동적이겠다. 주위의 초록색 풀들은 민초인 양, 바람에 쓸리고.

이렇게 효성 지극한 신문왕은 아버지와 삼국통일의 주역인 김유신 장군이 덕을 같이하여 내린, 값을 칠 수 없는 보물을 받기에 이른다. 이른 바 〈옥대〉와 〈만파식적〉. 만파식적을 불면 적병이 물러가고, 가뭄에 비가 오고, 비가 너무 심하게 올 때는 그치고, 적에게 잡혀간 화랑까지 돌아오게 되니 신령스런 일이 끝이 없었다고 『삼국유사』는 전한다.

탑을 지나 계단을 내려오니 나무 난간을 설치하여 축대를 바라볼 수 있게 해놓았다. 그리고 그 앞에, 예전에는 대종천이 흘렀다고 한다. 대종천. 큰 종과 관련 있는 이름의 냇물. 고려시대 몽고군이 신라의 큰 종을 떼어서 뗏목을 이용하여 이 물길을 따라 흘려보냈는데 천둥번개와 함께 거센 바람이 일어 그 종은 동해 어느 곳에 가라앉게 해서 몽고군의 계획은 수포로 되어버렸다는 이야기. 그래서 '대종천'이란 이름이 붙었고 이후, 감은사지 앞은 강인지 바다인지 모르지만 배가 닿은 흔적이 있다는 것이다. 정박한 배가 닻을 맬 수 있도록 돋아있는 구조물을 통해 추측한단다.

신라의 삼국통일.

외세를 끌어들여 한반도 동남부 구석진 경주 중심의 통일이라는 것은 근현대 한국인의 관점에서 본 것이고 당시의 신라인으로서는 대단한 위업이었다. 사회는 건강하고 왕조는 충신으로 가득 찼으며 화랑5계는 신라사회를 지탱하는 정신적 지주로서, '삼한일통'의 시대의식으로 굳건하게 자리하고 있었다. 불교는 또 어떤가. 원효와 의상대사라는 걸출한 인물들이 사상계를 지배하는 역동적인 신라시대였다. 그 나라와 시대를 영원히 존속시키고자 했던 문무대왕의 바람과 솔선수범한 지도자의 희생, 그런 아버지를 존경하고 그리워한 아들. 그래서 산 자인 양, 영혼이라도 쉬시게 하고 싶어 하는 지극한 효성으로 이루어진 가슴의 흔적들이었다.

 대왕암, 이현대, 감은사지는 터질듯 한 가슴으로 흰 도화지에 양초로 그린 그림이었다. 눈에는 보잘것없었으나 마음에는 한없이 펼쳐졌다.

아빠로부터 듣는 음성

사랑하는 내 딸 숙아!

너희들의 표현대로 하면 세가귀 딸내미, 세상에서 나의 가장 귀한 딸, 숙아.

그간 참 수고했다. 여섯 살에 헤어진 후 중년을 넘은 오늘까지 세상을 살아오느라 애쓰는 너를 나는 한 시도 잊은 적이 없다. 곁에 있어 주지 못한 아버지, 나는 어떤 일을 결정하지 못해서 네가 답답해 할 때, 더욱 안타깝고 미안했단다. 그러나 너는 심사숙고하여 결정을 내렸고, 지금까지 그 방법으로 일관하지 않았느냐? 네가 실수한 일이 있더라도 그것으로 너무 자책하지 마라.

네가 지금 속상해하는 일은 '신앙'의 문제인데, 너무 염려하지 마라. 그 염려를 하늘에 계신 우리 아버지께서 다 알고 계신다. 가족과 함께 온전한 신앙생활을 하고 진실한 신앙의 가문으로 전수하고 싶어 하는 네 마음을 다 알고 계신다.

애통하는 자는 위로를 받고, 예수로 인하여 고통을 받는 자는 복이 있다고 했으니 너는 복 있는 사람이다. 내가 주님께 기도 드려 주마. 너를 위해 할 수 있는 일이란 그것 밖에 없구나. 나를 믿고 마음 편하게, 여유롭게, 행복하게만 살아라.

"항상 기뻐하라, 쉬지 말고 기도하라. 모든 일에 감사하라. 이것이 그리스도 예수 안에서 너희를 향하신 하나님의 뜻이니라. 〈살전 5: 18~19〉"

"너희 염려를 다 주께 맡기라. 이는 그가 너희를 돌보심이라. 〈벧전5:7〉"

하나님의 뜻과 마음, 알겠느냐?

오늘 네 친구의 메시지도 받았지.

〈믿음의 사람, 디모데.
그에게는 기도하는 어머니와 또 그 외할머니가 계셨습니다.
급속하게 주입된 믿음은 변할 수 있어도 승계된 믿음은 결코 훼손될 수 없다네요.
자녀들을 위하여 눈물로 기도하는 우리의 모습을 보시고 친구에게 섬기도록 붙여주신 인간관계의 모든 영혼들에 이르기까지, 그들을 위하여 기도하라시는 하늘 아버지의 마음이 느껴짐니다.
　해마다 이쯤이면 우리에게 주신 가정의 소중함을 생각하죠.
　친구의 가정에 주님의 은혜와 기쁜 일들이 가득하시길 바랄게요.
　오늘도 주 안에서 평안하시길.^^〉

　봐라. 너와 우리 가정을 잘 아는 친구의 바람을. 네가 '믿음' 때문에 마음 아파하고 눈물을 흘리는 것을 보면 내 마음이 편치 않구나.
　문 장로는 기름 부어 세운 주님의 종이니 그분께서 채워가면서 기쁘게 쓰실 것이다.

　신앙에 대한 네 동생의 탁월한 견해를 읽지 않았느냐?

　〈신앙은, 현실의 사람들에게 수고하고 무거운 짐으로 작용해서는 안 되다고 생각한다. 만일 그렇다면 하나님께서 기뻐하시는 믿음이 아니다.
　신앙은, 인간을 모든 속박으로부터 해방시키고 자유롭게 하는 것이다. 그래서 진리이고 복음인 것이다.
　신앙은, 사람들에게 기쁨이 되고 평강이 되어서 가시밭길 인생에서 만나는 수많은 역경을 이겨낼 강건한 능력이 된다.
　신앙은, 생명들, 이들의 강화와 확대 그리고 항구화. 이것이 신앙이 의미하고 지향하는 모든 것이다.〉

내가 하지 못한 일을 너무도 신실하게 감당하는 너희들을 보며 고마움과 대견함으로 가슴이 벅차단다.

하나님을 향한 너희들의 마음이 한결같고, 온전해지기를 바란다. 너희들이 살면서 노력하는 모든 일들이 믿음 안에서 다 이뤄지기를 기도한다. 내가 할 수 있는 유일한, 최선의 길이다.

나는 너희 삼남매와 가정과 친척들이 모두 우애하며 행복하기만을 바란다. 모든 염려를 내려놓고 세상에서 천국을 경험하기 바라지. 그간 성실하게 노력해서 세상에서도 이뤘으니 가정과 교회에서 천국을 먼저 경험하고 먼 훗날 근심과 걱정없는 영원한 이곳에서 만나자. 너무도 어린 너희들을 떠나와 기쁘고 행복한 경험들을 안겨주지 못한 것이 가장 마음이 아프다. 하니 지금 누리고 살아야한다. 지금.

이제부터 자주 만나자.

맑은 하늘에, 아침 안개 속에, 저녁노을 어딘가에, 아니 너희들의 대화 속에도 늘, 함께할 것이다. 오늘의 기쁜 일, 행복한 일 한 가지씩 찾아 누리는 것이 또한 나의 기쁨이요, 위안인 것을 잊지 마라.

마지막 부탁이다. 황혼에 다가선 너희 엄마. 아름다운 꽃이 만개한 채로 얼음꽃이 된 너희 엄마. 말로 형언할 길이 없는 삶을 살아와 이제 만날 날이 얼마 남지 않았다. '믿는 가정은 천국인 줄 알고 시집 온 사람', '지금까지 하나님의 은혜로 살아왔다고 고백하는 사람'. 여성스럽고 고운 사람, 강하고 곧은 사람. 내가 빚진 사랑과 책임을 어찌 갚을 수 있을까. 내가 못다 한 일을 너희에게 부탁할 뿐이다.

그 모든 것은 하늘 아버지께서 다함없이 갚아주시리라.

나의 사랑, 내 그리움

 순천에서 남해고속도로를 달려 진주로 향하다보면 사천이라는 지방이 있다. 나는 올봄 매주 한 번씩 이 길을 달렸는데 때마다 묘한 감정에 사로 잡혔다. 내 외할머님 사천 김씨 영복님이 떠올라서 매번 가슴이 뛰었다. 사천은 단지 그분의 관향일 뿐인데 이다지도 뭉클하게 다가오는 것은 그분에 대한 내 그리움의 크기와 깊이 때문일 것이다. 또한 관향을 떠올리기만 해도 그리워하는 손녀가 있는 외할머님은 행복한 분이라는 생각을 하며 내 미래를 그려보기도 했다.

 나는 외갓집 추억이 유년기 기억의 많은 부분을 차지한다. 시골길 고샅고샅을 따라서 당시의 정황을 재현할 수 있을 정도로 정겨운 기억이 생생하다. 경주 김씨 집성촌에서 장녀로 태어나신 어머니의 맏딸인 나는 어쩌면 태생부터 관심의 대상이 었다. 몇 살이냐, 생일이 언제냐, 너희 부모의 이름이 뭐냐 등등의 신선하지도 않은 질문에 제법 똘똘하게 대답했던 나를 할머님은 무던히도 귀하게 사랑하셨고, 나의 일거수일투족을 신기하게 여기셨다. 그 사랑은 여중고 시절의 일화로 이어진다.

내가 다니던 학교는 가을 개교기념일에 맞춰 모의올림픽을 개최하여 학생 자치활동을 장려했다. 각반 대의원들이 모여 세계의 나라 중에서 자기네 반 국가를 뽑으면, 입장식 방송내용, 복장, 행진의 모든 것을 학생들이 주도하여 행사를 치렀다. 지금처럼 정보가 많지 않던 시절 우리는 도서관을 찾아 세계 각 나라의 역사와 문화, 사회현상을 찾아 입장식 방송원고를 쓰고 문화를 선보였다. 체육대회 당일에는 선수 입장식, 경기의 결승전을 치르고 응원전, 폐회식 순으로 이어지는 활동에서 선후배가 돈독하고 온갖 아이디어를 뽐내는 축제였다. 당연히 학부모도 초대했다. 이 행사에 외할머님은 통학차를 타고 오셔서 8시 경, 텅 빈 학부모 텐트에서 맨 먼저 자리를 잡고 앉으셨다. 어머니는 나중에 합류하시고. 여중고 시절 내내 할머님은 어김없이 참석하시고, 이후 외갓집에 가면 나의 활약(?)은 중계방송이 되어 있었다.

할머님은 늘 새벽기도를 드리러 다니셨는데 내가 외갓집에 가면 머리맡에서 성서를 읽으시고 교회에 가지 않으셨다. 지금은 기억하지는 못하는 그 성경 읽는 소리의 리듬, 그리운 음률이다. 전교인 대상 성경퀴즈대회에서 2등을 하셨는데 상품으로 받은 접시의 모양과 색상을, 나는 그릴 수 있다. 할머님이 떠나시던 초가을의 맑은 하늘에 들국화가 가득하던 선산가는 길, 교회 성가대원들이 상여를 메고 가며 부르던 찬송가 소리가 메아리쳤다.

그뿐이 아니다. 나는 할머님 때문에 『초한지』를 읽었다. 항우장사와 우미인의 사랑이야기를 최초로 해 주신 분. '사면초가'의 슬픈 이야기를 책을 읽듯 읊어주셨다. 역사 속의 숱한 에피소드 중에서 왜 그 아린 사랑을 기억하시고 내게 말해주셨을까? 내가 비극적인 사랑을 두려워하는 근저가 할머니의 이야기 때문은 아니었을까? 많은 상념에 젖게 된다. 그 외의 역사 이야기도 많이 들려주시던 할머님은 놀라운 인식력과 상식의 소유자셨다. 삶을 꿰뚫는 혜안의 여성군자이셨다.

내 동생은 할머님의 사랑에 대해 이렇게 썼다.

> 따뜻함, 부드러움, 안락함, 꾸밈없음, 끊임없음, 치우치지 않음, 이들은 사랑이 갖는 온갖 표현들인데 나는 이러한 사랑을 받았다. 오직 한 사람으로부터. 그분은 바로 나의 외할머니이시다.　　　　- 「사랑이라는 것의 진실한 본질」에서

또 다른 동생은 외할머니를 추억하며 용설란을 열심히 키운다면서 내게도 포기를 나눠줬다.

할머님의 생신이 정월 열엿새 날이다. 겨울방학 중이던 그때, 우리는 정월 대보름날 오곡밥과 나물은 언제나 외갓집에서 먹었다. 겨우내 방 한구석을 차지했던 콩나물 동이에서 자란 짙은 노랑색의 알이 굵은 콩나물탕, 들기름으로 볶은 깨중나뭇잎 나물, 멸치국물로 졸인 두부조림, 짚불에 구운 도톰하고 윤기 나는 김, 헤아릴 수 없는 반찬들을 먹었는데 어찌된 일인지 나는 그 맛을 낼 수가 없다. 비슷한데 그 맛이 안 된다. 해마다 정월 대보름이 오면 외갓집과 풍성한 보름나물 맛이 새로이 기억된다.

이제 나는 '먹는 맛에 정 든다'는 말을 되새기며 우리 아가들에게 밥을 해 먹이고 싶은 할머니다. 외할머니라고 불릴 손자도 있기에 자못 숙연해진다.

나비 깃들다
- 외할머님 이장을 마치고

논산 들녘에 감자꽃 하얗게 핀
윤사월
광야생활 40여 년 만에[*]

가나안 입성인가

노을 지는 서쪽하늘 바라보며
보랏빛 그리움 감추던 할머님
감자 알 같은 사랑
한아름 안기고 떠나셨지

칡덩굴같이 얽힌 이생
큰 품으로 갈무리하며
마음깊이 간직한 소망
하늘 향해 기원하시다

층층나무 하얀 꽃송이 속에
한 마리 나비로 깃들이셨네.
- 졸시 전문

*이스라엘 민족의 40년 광야생활과 같은 기간 동안 전 묘소에 잠드셨다가 선영으로 이장됨을 표현

3.
사형수의 어머니

가을걷이

 올해는 마당 풍년이다. 지금도 진행되고 있지만 요즈음 되어져 가는 모양을 지켜보더라도 알곡이 많은 든든한 해가 될 수 있을 것 같다.
 저녁식사 중에 그이가 말했다.
 "얘들아, 오늘이 무슨 날인 줄 아냐?"
 달력 위로 향하는 우리들의 마음을 호기심으로 한껏 부풀게 했다. 찾지 못한 우리를 예상이라도 했다는 듯이 대답부터 했다.
 "오늘 퇴근하며 라디오를 들었는데 오늘이 아버지날이라는구나."
 "아버지의 은혜는 5월 8일 어버이날에 포함시키지 않았어요? 언제 분리했대요?"
 우리는 아버지날의 분리, 독립의 근거를 찾기에 앞서 오늘

저녁 성대한(?) 축하연을 열어야 할 의무감에 무언의 일치를 보고 있었다. 설거지를 하는 동안 큰아이는 프로그램을 작성, 프린트까지 마쳤고, 나는 음료수와 과일접시를 마련하여 상 앞에 둘러앉았다. 우리 앞에 놓여진 넉 장의 프로그램에는 「아버지날 축하 기념파티」라는 제목 아래 이런 내용이 적혀 있었다.

1. 개회사
2. 아버지의 한 말씀
3. 아버지의 은혜에 대한 고마움 발표
4. 먹자먹자, 마시자마시자
5. 축하 연주
6. 아버지의 답사
7. 폐회사

짧은 시간에, 초등학교 3학년 아이로서는 기대하지 못했던 기발함과 완벽함이 우리를 놀라게 했다. 아이는 개회사를 할 수 있는 첫 마이크를 엄마에게 드리는 용의주도함이랄까, 예의까지 지니고 있었다. 그리고 아버지의 고마움을 평소 느낀 대로 말하는 대목에서 나는 부끄러웠다.

"저는 자전거 타이어에 구멍이 나고, 체인이 벗겨졌을 때 아버지께서 손수 가지고 가셔서 고쳐주셨던 때 고마웠습니다. 그리고 보다시피 저렇게 활발하게 잘 살고 있는 금붕어도 아버지께서 돌이끼를 일일이 씻고 지하수를 떠다가 물을 갈아주셨기 때문이에요. 제가 조르지도 않았는데 이런 일을 해주시는 아버지를 저는 좋아합니다."

"나는 아빠가 운전을 해주실 때 고마워."

유치원에 다니는 딸아이의 말이다.

아이가 고마워하는 것은 새 자전거를 사주신 아빠, 그다지도 원했던 어항을 꾸미게 해준 아빠가 아니었다. 섬세한 쟈스민의 이파리처럼 약하고 어릿하게만 보여 온 아들아이는 투명한 눈으로 어른들의 일거수일투족을 바라보고 있다가 가을의 햇살처럼 쏘아놓는 것이었다.

딸아이는 오늘의 분위기를 파악했다는 듯 '부모님 은혜'를 서툴게 그러나 손가락의 힘을 다하여 음을 짚어내고 있었다. 소나기처럼 명쾌한 제목 '먹자먹자 마시자마시자' 시간에 걸쭉한 만담으로 사회를 보는 아이들의 성숙함을 보고 우리 부부는 아예 입을 다물 수밖에 없었다.

올해 신년 벽두에 세운 나의 올 농사 제목은 아이들의 바른 가치관을 세우기, 생각의 폭과 깊이를 더하기, 좋은 책을 골라 읽히고 일기를 성실하게 쓰도록 하는 것이었다. 그런 계획을 더불어 사는 모습을 통해 몸에 배게 하기 위해 우리 아파트 엄마들끼리 소모임을 만들어 교육문제를 생각하고 사례 발표를 하며 지금까지 진행하고 있었다. 글쎄 과찬일지는 모르나 우리

아이들은 건강한 생각과 행동을 하고 있다. 나는 이 알곡들 중에서 인내, 집중, 실천이라는 씨앗을 받아 내년 농사에 파종할 것이다.

 심는 자는 우리이나 기르는 자는 그분이심을 굳게 믿고.

비싼 대가

 몇 시인 줄 모르겠다. 가늠하자면 남편과 아내를 싣고 시내로 향하는 경운기 소리가 들리기 이전이라는 막연한 느낌뿐이다. 가끔 도로 쪽으로 난 창문을 통해 경운기의 둔탁한 음이 새벽잠을 깨운다. 미심쩍어 확인해 보면 으레 짐작이 맞다. 가는 비 내리는 봄철이면 '살진 그 맛을 임에게 보이고저' 했던 삼천동의 봄 미나리를 싣고, 그 다음은 전주 명산인 복숭아를 싣고, 겨울에는 갈아엎지 않은 김장거리를 싣고. 이맘때는 무엇일까? 어젯밤 딸아이가 타준 커피 한 잔의 효력 때문인지 미명 속에서 불빛을 찾아 마음을 맑히고 있다.
 어제는 내심 고대하던 날이었다. 제2기 「민족문학강좌」의 첫 날로 이오덕 선생님의 강연이 시내 어느 곳에서 있던 날이다. 선생님은 1944년부터 주로 농촌 지역의 초등학교 교사로 재직

한 이래 오로지 어린이를 지키는 문학과 글쓰기 교육에 전념하는 참 스승이시다. 내가 그분을 만난 것은 2, 3년 전〈참교육을 위한 학부모교실〉강좌에서 연사님의 안내로 저서를 통해서이다. 명성이야 진즉 듣고 있었지만 저서를 읽어가면서 어린이 마음의 움직임 한 오라기와 한마디의 말을 놓치지 않고 주워 담아 갈무리하는 그 정성에 감복하기에 이르렀다. 그분이 일해 오신 것에 비추어 볼 때 때늦은 것이지만 감동이었다.

사정없이 모방만을 강요하는 환경 속에서 살고 있는 우리 아이들. 어린이들의 몸과 마음을 병들게 하는 불순하고 불결한 것들과 끊임없이 맞서 싸우면서 어린 정신들을 격려하며 그들의 마음을 자유롭게 해방시켜 주는 선생님이 마침 전주에 오신다니 직접 뵙고 육성을 듣고 싶었다. 그리고 『어린이는 모두 시인이다』를 읽으며 보기 글이 농촌과 산촌 아이들의 글이라 도시 아이들의 느낌과 관심도에는 멀어짐에 따라 그 어휘나 배경 설명을 따로 히며 이이들의 생각과 느낌을 이끌어내는 고난함에 대해서도 푸념을 늘어놓을 참이었다. 효용면에서는 저서를 통한 만남이 훨씬 지속적이고 폭넓고 깊게 그분의 교육관이나 글쓰기 지도 이론이나 인품을 읽는다 하겠다. 어린이 마음을 그다지도 소중히 여기는 노 시인이라면 분명 여리디 여린 어휘들을 선택하지만 결 고운 도자기 같은 질감으로 그분의 그릇은 빚어져 있을 것이었다. 현 시점에서 우리가 두려워하고 온몸으로 막아야 할 어린이를 억누르는 난제들에 대해서도 소나기 같은 처방전을 주실 것 같다. 그분의 강연이 저서와 병행된다면 비단 위에 놓인 꽃이 아니겠는가. 그런 강연을 나는 포기하고 말았다.

  오후 시간에 아이들을 지도하다 보니 자연 내 아이들이 저희끼리 있는 시간이 많아진다. 해서 주말이나 같이 있는 시간이면 엄마가 하는 일에 같이 동참하기도 한다. 그러다 보니 아이의 일기장에는 매일 매일이 중요한 날이다. 글감도 다양하고 나름대로 글 쓰는 힘도 있어 보인다. 하지만 아이들의 글에도 마음으로 쓰는 글과 머리로 쓰는 글이 있게 마련이고 사색이 깃든 글과 사실 기록으로 끝난 글이 구분된다. 어린이다운 생각들이 소금의 결정체처럼 정화될 때, 사물과 사건을 깊이 있게 보고 밀도 높은 되새김질로 소화를 시킬 때 아이들의 마음이 살 지워질 수 있는데 말이다. 내 아이들의 글을 보면 우리 생활이 비쳐진 거울을 보는 듯해서 늘 가슴이 서늘했다.

  요즘 아이들의 특징이 깊이 생각하기를 싫어하고 불감증에 걸린 듯 쉽게 감동을 하지 않는 경향이다. 이러한 현상의 원인은 순간적으로 장면이 바뀌는 영상매체들의 영향이 아닌가 싶다. 물론 엄마가 아이들 곁에만 있어야 교육이 된다는 것은 아니다. 무엇보다도 중요한 것은 자율적인 판단에 의해 행동을 할 수 있게 하는 것이 교육 성패의 관건이다. 하지만 요즈음

아이들은 일과 후 시간조차 집에 있는 경우가 드물기에 그리고 배우는 것이 짐이 될 수 있기에 집에 들어올 때 엄마의 목소리가 아이의 심신을 쉬게 해준다. 더 나아가서 새로운 공부에 힘을 더할 수 있는 재창조의 기회를 주는 것이다.

  아이들을 겪어 보면서 어릴 적부터 엄마의 세심한 정성과 기도로 자란 아이와 먹이고 입혀서 혼자서 크게 한 아이와는 그 생각과 역량의 폭에서 차이가 남을 발견할 수 있었다. 엄마의 정성으로 키운 아이는 무엇보다도 생각이 건강하다. 마음이 따뜻하다. 지적인 호기심이 끝없이 펼쳐진다. 참고 견디는 힘이 남다르다. 학교에서 학원에서 끝나자마자 집으로 달려오는 아이로 만들자. 우리 아이들의 학교 가는 길은 들풀과 꽃향기에 취한 벌과 나비가 있던 옛 길이 아니다. 가뜩이나 무거운 가방을 짊어지고 학원에서 아슬아슬한 차도를 비켜서 집에 온다. 온갖 잡상인의 군것질감과 볼 것 많은 만홧가게, 언제나 호기심을 끌어당기는 오락실의 유혹을 물리치고 집에 온다. 엄마를 불렀을 때 찬바람이 휭 불지 않고 넉넉한 마음으로 맞아주는 어머니의 모습이 우리 아이들의 마음과 생각을 도탑고 풍성하게 살찌움을 잊지 말자.

  내가 정작 하고 싶은 일에 오늘보다 더 큰 대가를 치르지 않기 위해서 이 글을 쓰며 오늘 일을 시작으로 여린 새싹들의 움직임을 더욱 주시하기 위해 이 글을 끝맺지 않는다.

갑오동학혁명 유적지를 찾아서

고부 농민봉기의 근원 만석보

우리 참교육학부모회 전주지회 학부모들과 어린이들은 제1기 역사기행으로 갑오동학혁명 유적지 중 정읍군 소재의 유적지를 찾았다. 백여 명의 아이와 어른으로 가득 찬 두 대의 대형버스는 곡식이 푸르게 푸르게 자라는 들녘, 호남평야를 달렸다. 우리들 학부모 세대들이 어린 시절 읊조리던 "새야 새야 파랑새야 녹두밭에 앉지 마라. 녹두꽃이 떨어지면 청포장수 울고 간다."는 민요는 초등학교 '즐거운 생활'의 한 노래로 정착되어 있건만 초등학생들이 대부분인 이 어린이들에게 갑오동학혁명이란 단어도 금시초문이리라. 김밥 싸들고 동네 친구들과 버스 여행한다는 기쁨에 들떠 시종 재잘거리는 소리에 우리들까지 가벼운 흥분에 젖지 않을 수 없었다.

전주 시청에서 모여 충경로를 지나 완산교, 용머리 고개, 서부시장을 거치면서 버스는 금구를 향해 달리고 있다. 이 길은 100여 년 전 전봉준 장군과 동학농민군이 전주성으로 입성하던 그 발자취를 따라 달리는 길이라 감회가 더욱 깊다. 게다가 안내를 맡으신 김일환 선생님의 농밀한 설명은 들을수록 우리를 역사의 현장으로 몰입시키는 힘을 지니고 있다. 판소리 춘향가 중 '사랑가' 한 대목을 읊으시며 시작한 김 선생님의 역사, 시사 해설은 가히 여행 안내자의 본보기가 될 만하다.

미리 준비해 오신 '동학혁명 약사'로 예비지식을 갖추고 호남평야를 달리다 보니 어느덧 만석보유지비(萬石洑遺址碑)에 닿는다. 신태인읍에서 서쪽으로 고부 가는 길을 나서면 동진강 다리가 나온다. 이 다리를 건너 하류 쪽으로 500미터쯤 가면 정읍천과 태인천이 합류되는 지점에 갑오동학혁명의 근원지로 이름나 있는 만석보의 유지가 있다.

원래 이 부근 배들에는 농민들이 스스로 만들었던 민보가 있었는데 1892년 고종 29년 조병갑이 고부군수로 부임하자 원래 있던 민보의 아래쪽, 정읍천과 태인천이 합류하는 지점에 새롭게 보를 쌓아 '만석보'라 이름 짓고 지금까지 내지 않았던 물 값 명목으로 한 두락에 좋은 논은 두 말, 나쁜 논은 한 말씩을 징수하였다. 또한 강제로 동원하여 노역을 시키고 수백 년 묵은 큰 나무들을 함부로 베어 썼다. 게다가 태인 군수를 지낸 자기 아버지의 비각을 세운다고 농민들로부터 1천 냥의 돈을 뜯어냈다. 본래 조병갑은 당대 국모 칭호를 받던 조대비와 당질 간인 어느 정승의 서자로 생모는 기생이었다. 하지만 좌의정 조병세, 전 충청도 관찰사 조병식, 전라도 관찰사 조병호와 집안 간이었으니 그의 세도가 어떠했겠는가. 그는 조대비와의 연줄로 벼슬자리를 얻은 이래 백성을 다스리는 일에는 관심이 없고 오로지 재물을 빼앗아 권세를 누리는 데에만 힘을 쏟았다고 한다. 여기에 모친상을 당해 사임을 하니, 고부 관아의 아전들이 과잉 충성을 하느라고 2천 냥을 모아 바치기로 했는데, 전봉준의 아버지 전창혁이 반대를 하여 태장으로 희생을 당했다.

이런 일을 당하자 1893년 11월 12일 두 차례에 걸쳐 고부 농민들은 만석보의 물세 감면과 황무지 개답에는 면세를 바라는 민소를 올렸다. 그러나 그 결과는 곤장을 맞고 와서 몸져눕는 일 뿐이었다. 이에 1894년 1월 4일 전봉준은 정익서, 김도상 등과 만석보의 제방을 파괴하고 고부군을 점령하여 전곡을 분배하는 등의 1차 봉기를 일으켰다.

금 항아리의 향기로운 술은 천 사람의 피

농민군은 평상시의 복장 그대로 머리에 흰 수건을 둘렀고 어깨에는 '궁을(일종의 부적)이라는 표시를 했다고 한다. 등에 바랑(배낭)을 지고 입으로는 최제우가 하늘로부터 받았다는 '시천주

'를 외우거나 춘향전에 나타나는 시구 '금 항아리의 향기로운 술은 천 사람의 피요, 옥쟁반의 맛좋은 안주는 만백성의 기름이라, 촛농 떨어질 때 백성의 눈물이 지니, 노랫소리 놓은 곳에 원망소리 높도다'를 읊으며 행군했다는 『청일전쟁 실기』의 기록이 있다. '인내천' 사상으로 무장한 동학교도로서 백성의 한을 풀고자 하는 이 시구는 동학혁명군의 속뜻과 시대 의식을 반영하는 것이라 볼 수 있다.

군대의 부대표시는 동학의 접을 표시하는 청, 황, 적, 백, 흑의 5색 뿐이었으나 이때 동원된 동학군의 수는 수만에 이르렀다고 한다. 당시 동학군과 지역 농민들 사이에는 '가보세 가보세, 을미적 을미적, 병신 되면 못 가보니'라는 노래가 퍼져 있었다. 이 노래의 뜻은 다음과 같다. '갑오세(갑오년 1894년 정월)에 일어난 고부 농민 봉기에 농민들은 적극 호응하세. 이 농민 봉기를 을미(1895년)적거리다가 병신년(1896년)까지 끌면 안 되니, 아예 갑오년에 끝장을 내고 마세'

이러한 분위기 속에 자원하여 몰려드는 농민들을 한데 모아 기강을 잡고 전력을 다지기 위해 전봉준은 '4대 강령'을 내걸었다.

첫째, 사람을 죽이지 말고 물건을 빼앗지 말라.
둘째, 충효를 다하고 세상을 구하며 백성을 편안하게 하라.
셋째, 일본 오랑캐를 축출하여 서울을 바로 세우자.

넷째, 군대를 몰고 서울로 올라가서 나쁜 벼슬아치를 없애자. 가장 인간적이면서 외적을 막아 나라를 구하려는 애국충정을 담은 강령이다.

새둥지처럼 아늑한 동네(옛집 보전)

만석보에서 그리 멀지 않은 곳 '이평면 장내리 조소 부락'은 이름 그대로 새의 둥지처럼 아늑한 동네였다. 여기에 전봉준이 동학혁명 당시 살았던 옛집이 있다. 우리나라 농촌의 가난한 농민들이 살았던 전형적인 3칸 흙집이다. 그림으로만 보았던 초가삼간을 실제로 보면서 우리 아이들은 무슨 생각을 했을까. 안내 선생님은 또 조상들의 살림 형태를 들어 자연계 순환의 진리를 역설하신다.

"먼저 초가집을 보세요. 나락의 짚을 이어 지붕을 만들면 흙벽과 더불어 여름에는 서늘하고 겨울에는 따뜻한 전천후 안전 가옥이 됩니다. 이 지붕이 낡으면 논에 가져다가 퇴비로 쓰고 또 지푸라기를 태운 재는 칼리 성분이어서 훌륭한 비료가 됩니다. 모든 쓰레기는 아궁이를 통해서 태우면서 그 열은 취사와 난방의 이중 역할을 하기 때문에 버릴 것이 아무것도 없었어요. 요즘처럼 공해의 원인이 있을 리가 없었지요. 사람과 자연이 함께 사는 세상이었어요."

우리 학부모들에게는 아무 신기할 것이 없는 보고 행하던 것이지만 오늘날의 일과 비추어 보면 새삼스런 진리였다.

혁명확대의 계기, 황토현 대승

오늘 답사한 유적지의 노른자는 황토현(黃土峴)이다. 1894년 4월 7일 이곳 황토현에서 전라감영의 관군을 맞아 대승을 거뒀다. 이곳에서의 승리는 동학농민군의 혁명이 크게 확대되는 계기가 되었다. 지금은 보기 좋게 가꿔진 잔디 동산으로 아이들이 환호하는 방아깨비의 서식지가 되어 있지만 당시의 농민들에게는 생과 사의 갈림길에서 얼마나 긴박감을 안겨줬을까.

전적비를 뒤로하고 언덕을 내려가면 기념관과 사당이 나온다. 기념관에는 농민군들의 유품과 사진 등이 보관되어 있고 특히 동학혁명운동의 전말을 알 수 있는, 전봉준이 경성 법정에서 심문에 답한 공초문이 보관되어 있다. 이는 매우 희귀한 문서이다. 경내 조금 높은 지대에는 선생의 동상과 함께 당시 농민군의 전투 상황을 부조한 조각품이 우리를 맞고 있다. 그 앞에 서서 우리는 묵념을 올리고 전투의 이모저모에 관해 선생님의 설명을 들었다. 아이들은 수첩에 받아 적고, 질문을 하고, 작열하는 태양이 무색할 정도이다.

12개 조항의 폐정개혁안 제시

4월 7일 황토현에서 승리하고 의기충천한 농민군은 고부, 태인, 금구, 정읍, 고창, 무장, 영광, 장성 등지에서 계속하여 관군과의 싸움에서 승리한다. 4월 27일 농민군은 전주성을 탈환하기 위해 용머리 고개를 넘어 완산 칠봉을 점령한다. 농민군은 한눈에 전주성을 내려다 볼 수 있는 완산칠봉 아래에서 관군에게서 빼앗은 대포를 이용하여 성안을 공격하니 하룻밤 사이 관군과 관리들은 모두 도주하여 거의 피를 흘리지 않고 전주성에 입성하였다. 그리하여 완산칠봉 마루턱에는 '동학혁명군 전주입성비'가 세워져 있는데 이곳 또한 살아 있으나 말이 없는 매곡, 다가산, 유연대 등과 더불어 동학농민혁명 전적지로서 그 모습을 간직하고 있다.

  전주를 비롯한 전라도가 모두 농민군에 점령되자 당시 조정은 청나라에 군대를 요청하고 일본은 이를 빌미로 인천항에 입항해 버린다. 이에 청일전쟁이 발발하여 내 나라가 외국군의 발굽 아래 짓밟힐 것을 예견한 전봉준은 정부의 청국 요청이 이루어지기 전에 정부와 타협을 하였다. 1984년 폐정개혁안이라는 12개 조건을 들어 주면 동학군을 해산시킨다는 것이었다. 그 내용은 조선조 신분 제도 상의 만년 짐인 노비문서를 불태울 것, 청상과부의 재가를 허가할 것, 관리 채용에 있어서 신분보다는 인재를 등용할 것, 일본인과 내통한 자에 대해서는 엄징할 것, 탐관오리, 양반부호의 횡포와 탐학을 엄징할 것, 그리고 전라도 각 지역에 동학의 집강소를 설치할 것 등이다.

항일 투쟁의 2차 봉기는 외세축출

이후로 1894년 2차 봉기를 할 때까지 6개월 동안 전봉준은 집강소를 순회하면서 동학교도들의 종교 활동상황을 살피면서 지방 관료들의 비위사실을 감시함으로써 폐정개혁을 수행하였다. 그러나 그해 8월, 일본이 청일전쟁에서 승리하고 서울을 점령, 침략의 손길을 뻗치자 동학군은 2차 거사를 일으킨다. 1차 동학군의 봉기가 밑으로부터의 개혁운동이었다면 2차 봉기는 순전히 항일투쟁과 외세타파에 있다는 게 그 의의가 있다. 친일내각 타도, 일본을 배척하여 나라를 구한다는 기치를 들고 총결집한 것이다. 이때는 동학교주인 최해월도 동조, 북접의 10만 동학군을 이끌고 보은을 출발하여 서울을 진격하고 전봉준은 남접 동학군 11만 5천을 이끌고 삼례를 출발, 서울로 진격하기로 되어 있었다. 하지만 신식무기로 무장한 일본군과 관군 앞에서는 힘의 한계가 있어 10월 공주 우금치 전투에서 크게 패하고, 11월 금구 싸움을 마지막으로 전봉준은 순창에서 체포되어 12월에 서울로 압송되었다. 이듬해 봄, 일본인을 앞에 두고 법관 앞에서 '나라 위한 붉은 정성 누가 알리오.'라는 말을 마지막으로 사형을 당했다.

자연발생적인 고부 농민의 봉기를 동학 무력혁명운동으로 발전시켜 전봉준을 끝까지 도와준 손화중은 '누가 나를 관가에

밀고하여 천금 상, 만호봉의 후한 상을 타서 천리를 대신하여 농민군 유족들을 돌보아 달라.'고 하면서 붙들려갔다고 〈전주시사〉는 기록하고 있으니 동학군의 최후를 짐작하고도 남음이 있다.

근대 민주사상의 꽃, 동학농민혁명 정신

근대 민주사상과 동학의 이상인 '인내천 사상'은 경주에서 발아했지만, 정읍 고부에서 꽃봉오리가 맺어져 전라도에서 활짝 피었다. 지상천국의 실현은 폐정개혁안에 따른 집강소의 설치로 이뤄졌다고 보겠다. 그러나 국운이 쇠퇴하던 당시 지상천국도 잠시, 전라도는 다시 피어린 강토가 되어버렸고 특히 전주시가지 곳곳은 동학농민혁명의 유적지이고 보면 역사의 수레바퀴는 언제나 앞으로만 전진할 것인가.

벌써 전주에 가까워진다. 130여 년 전 이 길을 달렸을 님들을 떠올리니 안도현 시인의 시 '서울로 가는 전봉준'은 더욱 가슴을 적셔준다.

우리 아이들 이번 역사기행은 뼈아픈 역사현장을 직접 탐방하고 공부하는 한 방법을 터득하게 한 기회로 삼아야겠다. 근세사의 한 장을 떨쳤던 동학농민혁명의 역사적 의의를 분명히 하고 오늘의 시점에서 우리의 의식과 가치관을 새로이 정립해야할 줄로 믿는다.

지금 이 시간이 가장 중요한 때

봄볕에 쏟아져 내리는 학교의 스피커 소리와 쉬는 시간마다 터져 나오는 운동장의 함성을 그리워하던 시절이 있었습니다. 쫓기듯 뒤로하고 나온 중등학교는 내게 돌아갈 수 없는 고향이었고, 길지 않았던 교사 시절은 햇병아리 교사의 꿈을 펼치기도 전에 접어야 했던 덜 여문 씨앗이 영글어가던 시기였습니다.

고향의 봄을 그리워하며 어느덧 중학생 학부모가 되었던 1996년, 교육 개혁의 일환으로 학부모와 지역사회 인사가 교육의 현장에 참여하여 학교의 모든 일을 알고 의견을 제시할 수 있는 학교 운영위원회의 설립소식은 겨울의 끝자락에 내린 봄비였습니다. 제가 학교운영위원장의 중책을 맞는 동안 베풀어 주신 전주시 풍남중학교 교장선생님과 모든 교직원 여러분의 사랑에 마음 깊은 곳으로부터 감사를 올립니다. 더불어 풍남 가족으로서 풍남중학교에 대한 애정 또한 어디로부터 연유하는지 모르는 깊은 샘인 것을 고백합니다. 풍남의 아들들을 보며 오늘날 이 땅의 아들딸에게서 느끼는 연민과 안타까움, 그러나 모래알 틈에서도 찾을 수 있는 희망의 뿌리를 봅니다.

젝스키스의 〈학원별곡〉에서 노래하였듯 입시 경쟁과 잘못된 사회의 시대적 격랑 속에서 24시간 동안 해도 모자랄 정도의 학습량과 학년이 무의미해진 공부의 깊이는 학생들을 질식시킬 정도에 이르렀습니다. 감수성이 예민한 청소년기에 심신을 발달시키기보다는 규제와 강요로 얽매이게 하는 수많은 제도들, 하나같이 대학에만 들어가고자 하는 과욕의 교육열……, 우리 아이들의 어깨를 짓누르는 현상이라고 아니할 수 없습니다. 어디서부터 손을 써야 할 줄 모르는 교육의 현실에서 그래도 나름대로 열심히 노력하는 우리 아들들에게 고마움과 격려의 박수를 보냅니다. 어려움 속에서도 우정을 가꿔 가는 순수함과 자생력을 믿고 앞날을 기대합니다.

인류 사회에는 오래전부터 '입사식(入社式, initiation ceremony)'이라는 것이 있었습니다. 그 사회의 전통적이고 고유한 방식으로 청소년 남녀를 테스트하여 합격한 사람들에게 성년의 예우를 해주는 것입니다. 맹수와의 싸움이든, 자연의 위력에 대항하는 일이든, 어떤 기술을 연마하는 일이든, 시대와 지역의 특성에 따라 생존을 위한 전략이 일정한 기준에 도달해야 그 사회의 구성원으로 인정해 주는 제도를 말합니다. 여러분은 지금 성년이 되기 위한 입사식을 준비하고 있습니다. 여러분에게 지워진 멍에는 인생을 살아가는데 필수적인 도구를 찾기 위한 것들입니다. 씨를 뿌린 만큼 거두고 땀을 흘린 만큼 열매를 따는 것이 삶의 원칙입니다.

여러분의 생각과 행동은 지층처럼 한 켜 한 켜 쌓여서 성인이 되며 인격과 개성, 능력을 만들어 주는 것입니다. 그렇다면 여러분의 하루하루가 얼마나 소중하고 귀중한 것이겠습니까. 여러분은 인생에 있어서 봄입니다. 묘판에서 자라다 넓은 땅에 옮겨 심어 뿌리를 굳세게 내리는 한 그루 묘목입니다. 이때에도 시련은 있습니다. 찬바람과 가뭄을, 뜨거운 햇볕을 견뎌 내야 하는 것입니다.

하지만 여러분에게는 큰 나무로 자랄 수 있는 희망과 큰 나무로 자라 유익함을 줄 수 있는 능력과 넓은 하늘을 보고 웃을 수 있는 여유가 있을 것입니다. 궤도를 수정할 수 있는 기회가 있습니다. 궤도를 수정할 수 있는 시간이 있다는 것도 여러분 시기의 특권입니다. 우리 어른들은 여러분의 청소년기가 부러울 때가 많습니다.

그리고 두 가지만 덧붙이고 싶습니다. 여러분은 현재 어떤 처지에 있든 가장 소중한 존재들입니다. 세상 만물 중 인간으로 태어났다는 점에서, 한 가정의 희망으로 선택받은 존재라는 점에서, 모두들 없어서는 안 될 꼭 필요한 유일한 인물인 것입니다. 또한 공부를 잘하든 못하든, 실수가 많든 적든, 키가 크든 작든 지금 다 이룬 때가 아니라는 점에서, 인생은 긴 경주입니다. 지금 잘 한다고 해서 자만하지 말 것이며 설령 지금 모자란다 해도 좌절하지 않기 바랍니다. 여러분은 이제 막 출발한 선수입니다. 끝까지 선전한 선수에게 박수가 쏟아질 것입니다.

새출발을 하는 졸업생 여러분, 재학생 여러분 지금 이 시간이 가장 중요한 때입니다.

달밤, 안개 그리고 노을

- 하나

  정녕 오랜만의 안식이었다. 일을 마친 뒤의 쉼, 시간의 흐름에서 해방되어 만끽할 수 있는 느긋함, 때마침 가을 하늘은 높아만 가는데, 그곳 주인은 화안하게 웃음 짓고 있는데……. 얼마만인가 추석 달을 바라볼 수 있는 심신의 여유를 가진 게. 우리는 슬며시 대문을 빠져나왔다. 손에 쥔 일거리 하나는 가을과 달밤과 한가로움을 즐기기 위한 허울일 뿐 부담은 전혀 없는 것.

  이 집안에 시집온 지 20여 년이 넘는 두 여인네가 단둘이 만난 것은 기억에서 찾을 수가 없다. 열심히 살아왔다고 자부할 수 있을지는 모르나 날이면 날마다 시간에 쫓기면서 순전히 가족 속의 일원으로만 살았다. 한 개인과 개인으로서의 만남,

세상을 조금 알고 인생의 깊이를 알기 시작한 여인으로서의 만남은 소홀했으니 자리를 마련하지 못한 내 쪽에 책임이 있다고 해야 한다. 내심 안타까움을 지니고 있던 차에 오늘밤은 그동안 쌓인 이야기라도 나눌 겸 분위기 있는 찻집에 마주 앉고 싶었다. 내 속에 간직한 느낌들을 일방적으로라도 전하고 싶었다.

- 둘

우리는 자꾸만 발에 차이는 밤안개를 헤치며 만경강가 둑길을 걷는다. 멀리 뿌우연한 밤안개가 창가를 에워싸고, 인가에서 새어 나오는 불빛이 꿈속인 듯 아련하다. 형광등의 파르스름한 색감이 점점 부드럽게 시야에 맴돌고 있다. 동공은 점점 확대되어 달밤은 여명기처럼 훤해 오는데 달빛과 밤이슬 내려앉은 풀섶과 떠 있는 안개가 우리의 손과 발을 잡아끈다. 정적을 깨뜨리는 것은 풀벌레의 울음소리, 멀리서 들려오는 개 짖는 소리.

만경강. 익산들판부터 군산·옥구지방을 휘감고 흘러 들판을 적시고 이곳 사람들의 심성까지 풍요롭게 해 주는 젖줄 곁에 앉아 있다. 그 강안까지 벼농사를 지어 알알이 영글어가고 조금의 갯벌을 지나면 강물은 여전히 흘러 달을 가슴 위에 올려놓고 있다. 은파는 가을바람에 휘날리고. 밤 낚싯대를 드리운 이들은 낚시를 즐기는지 달밤의 정취를 건져 올리는지⋯⋯. 만경대교를 건너며 달빛에 취하고 강물에 취하고 가을 사랑에 빠져든 듯.

곁에 있을 때는 모르다가 존재가 멀어지면 한없이 그리워지는, 발목을 간질이다가 뒷걸음질 치는 척 이내 멀리 도망해 버리는, 때로는 앞길이 캄캄하다가도 눈 깜짝할 사이 희망으로 다시 서는, 모든 것을 감싸 안아 부드러움으로 다가와 앉는, 멀리서 강렬하게 쏘아 주는 불빛을 다 살라 먹고 스멀스멀하게 전해 주는, 오늘밤은 안개나라. 죽음과 삶의 경계는 이런 안개나라가 아닐까. 마취에서 깨어날 임새, 의식은 또렷한 듯한데 몸은 내 것 같지 않은 어슴푸레한 느낌. 어쩌면 사랑과 미움의 감정도 이런 혼입된 상황이 아닐는지. 파스텔로 그린 내 어린 날의 풍경화 분위기. 우리들 삶 또한 의식과 무의식의 교류 속에서 뒤범벅되어 우회하고 있는지도 모를 일이다.

　런던이나 파리가 안개에 싸여 아름답다고들 하나 팔월 열 나흗날 밤 만경강 둑을 거닐며 달빛어리는 강물과 강둑의 가로등 불이 안개에 비쳐 바람이 살랑거릴 때마다 불빛 꼬리가 흔들리는 것을 본 이, 눈을 멀리 돌려 백마산록에 줄지어 서 있는 가로등불이 핵이 되어 무더기부더기 어려 있는 안개덩이를 본 이, 가을밤은 깊어만 가는데 안개를 헤치며 고향을 향하는 안개 속의 줄짓는 헤드라이트를 본 이, 안개 풍광에 대한 이미지를 바꿀진저. 우리에게는 부모와 고향을 찾아 돌아오는 수천만의 인정이 있기에 안개 풍취는 더욱 아름다운 것.

　- 셋
　명절을 쇠고 돌아오는 길은 만감이 교차한다. 피붙이들을 만나 그들의 삶을 들여다보고 내 위치를 가늠해 본다. 내 고향 길을 거슬러 갔다 오기에 마지막까지 꿈길이다. 다가갈수록 산이라는 '익산(益山)'이라는 이름도 좋거니와 '함열(咸悅)'이라는 이름은 '기쁨을 머금었다'는 뜻이니 얼마나 귀한 이름인가. 샘솟듯 늘 퐁퐁 솟아나는 기쁨을 머금고 살 수 있는 고장. 일반적으로 한자어가 순 우리말의 멋과 정서를 강퍅하게 만들었는데 그럼에도 불구하고 깊은 뜻을 지니게 해준 것이 있으니 그 좋은 보기가 내 고장 함열의 경우이다.

  어릴 적 소풍갔던 돌산. 석재를 개발하느라 흔적만 남아 있지만 먼지를 뿌옇게 일으켰던 신작로는 아스팔트가 깔리고 주위는 풍요로운 농가로 탈바꿈하였으니 마음이 푸근하다. 더욱 기쁘고 감사한 것은 익산의 석재가 우리 고향 사람들, 제자들의 삶의 바탕이요 삶의 방편이 되었다는 것. 익산 석재의 재질이야 새삼 자랑할 것도 없는 것이 '황등이 쑥돌'이라는 이름이 말해주지 않는가. 밀려오는 중국산 석재는 차치하고라도 지금까지 전국 어느 돌과 견주어도 닭 무리 중의 한 마리 학이란다. 삼기 미륵사지 석탑 부근은 우리들의 데이트 장소이자 습작 소설의 배경이기도 한 추억이 서린 곳. 현존한 석탑 부근까지 줄지어 서 있던 미루나무는 베어지고 뽕나무 밭이 푸른 바다가 되었다. 미륵사지가 발굴되어 백제 역사, 문화의 복원작업이 세계가 인정한 가운데 활화산으로 타고 있는 중.

문득 바라보니 서쪽 하늘이 노을로 벌겋다. 하늘을 두루마리 삼아 서해에 지는 햇빛의 주홍 물로 온통 휘갈긴 추상화. 뭉게구름과 함께 처음도 끝도 없이 짙붉은 주홍으로 휘감겨 있는 서쪽하늘을 보며 부안의 낙조를 상상하기도 한다.

어두움이 점점 손길을 뻗어가는 곳에 하나 둘씩 인가의 불빛이 늘어간다.

> 그대 만나고 혼자 걷는 들길에는
> 언제나
> 아쉬움이
> 발자국을 메웁니다
> 좀 더 여유로운 마음으로 다가가고
> 풍요롭게 감싸 안을 수 있었음에도
> 견고한 성채가 날 에워싸 버리는 것을……
> 성곽 위에 가시덤불 무성해질수록
> 내 안의 정념은 서쪽 하늘 노을로
> 옮아앉는 것을
> 그대여
> 아시는지요.

사형수의 어머니

　해마다 대림절이 오면 사형수의 어머니를 생각하게 된다. 메시아의 강림을 기다리는 4주간인 대림 절기는 양력 12월에 해당하므로 일 년을 마무리하는 이때는 인간사와 더불어 대림의 의의를 생각하며 자숙하는 것이다.
　어머니. 이 세상 어머니의 마음은 하나다. 어머니이기 전에 여자인데 어머니가 된 후로는 곧잘 여자라는 것도 잊는 불가사의한 존재. 여자로서는 보편적일 수 있으나 어머니로서는 보편성을 잃을 수 있다.
　미켈란젤로의 '피에타'를 응시한다. 사형수의 어머니. 여인으로서 처형된 아들을 무릎에 뉘고 바라보아야 하는 심정은……. 나는 이 조각상을 처음 보는 순간, '참담함(피에타)'이란 어휘가 아니고는 이 정경을 묘사할 수 있는 다른 표현이 있을 수 없다고 소리쳤다. 미켈란젤로는 마리아의 표정을 신앙으로 승화된 경건한 온화함으로 조각했다지만 신앙과 인간의 육정 사이에서 고뇌한 흔적은 역력하다. 나는 성모마리아의 인간적인 고뇌에 더 깊은 감동을 받는 한 사람의 어머니이다.

마리아의 아픔은 처녀 시절에 꾼 꿈에서 유래한다. 처녀가 잉태하여 아들을 낳을 것이라고? 그는 큰 자가 되고 지극히 높으신 이의 아들이라 일컬을 것이라고? 오죽 답답하면 "나는 사내를 알지 못하니 어찌 이 일이 있으리이까." 하고 꿈에서 항변했을까. 당시는 처녀가 잉태하면 돌에 맞아죽던 시대이다. 지금껏 사랑으로 키워주신 부모님의 욕됨은 어찌하고 정혼한 남자의 오해는 또 얼마나 두려운 형벌일까. 그러나 결국 "말씀대로 내게 이루어지이다."라고 순명하기에 이른다.

시련의 연속이었다. 만삭의 몸으로 낮에는 열기가 훅훅거리는 모래바람과 밤으로는 냉기가 뼛속까지 스미는 날씨에 척박한 길을 따라 남편의 고향에 가야했다. 드디어 해산의 시기는 다가오는데 객지일 뿐 아니라 따뜻한 방 한 칸도 허락되지 않았다. '마굿간이라니요?' '이렇게까지 해야만 할까요?' 하는 자탄의 한숨도 있었으리라. "세상의 구주가 나셨다!"고 들판에서 양떼를 지키던 목자들이 경배하러오자 듣는 이가 모두 기이하다고 한다. 멀리 동방에서 온 점성가들이 황금과 유향과 몰약을 예물로 드리는가 하면 꿈에서는 유대 임금인 헤롯왕이 죽이

려하니 아이를 데리고 당장 이집트로 피하라고 한다. 태양 아래서 행해지는 일과 꿈속에서 이뤄지는 극단적인 상반됨. 이 사이를 오가며 혼돈으로 극도의 현기증이 났으리라. 더불어 휘몰아치는 피바람 소식. 유대인의 왕이 태어났다는 데는 강보의 아기마저 두려워서 태어난 시각과 장소를 짚어서 두 살 아래의 사내아이를 모두 죽였다니……. 애곡하는 이들의 울부짖음이 환청으로 괴롭혔으리라.

영혼이 맑은 한 예언자는 모친에게 이른다. "이 아이는 이스라엘 중 많은 사람의 패하고 흥함을 위하여 비방을 받는 표적이 되기 위하여 세움을 입었고 또 칼이 네 마음을 찌르듯 하니라." '칼이 마음을 찌르듯 하는' 아픔을 안고 살아가야 할 앞날. 세상의 많은 부모들은 자식의 미래에 희망만을 품고 살아간다. 설령 다른 이들이 겪는 아픔일지라도 '내 자식만은……' 하는 특수성을 고집하기도 한다. 남들의 눈에는 독단과 아집으로 보일지라도 어미의 심정은 자신의 판단에 함몰된 채 스스로 위로하고 또 다독인다.

아이는 자랄 때도 남다른 데가 많았다. 지혜롭고 순종하는가 하면 엉뚱한 말을 하기도 한다. 열두 살 된 아이가 성전 순례 길에서 따로 떨어져 오던 길을 되돌아가 겨우 찾으니 성전 안에 홀로 남아 있다가 하는 말이 "어찌 나를 찾으셨나요? 내가 아버지 집에 있어야 할 줄을 어찌 알지 못하셨습니까?"였다.

당돌함에 말문이 막혔을 것이다.

　수수께끼 같은 아들은 드디어 부모 곁을 떠났다. 열사의 광야에서 밤낮 40일 동안 금식을 하며 고행을 한다. 신앙으로 살고 특히 꿈을 상기하며 줄기찬 믿음을 갖고자 하나 순간순간 와 닿는 불안과 초조마저 없었을까. 사람들을 가르치는 때는 전혀 새로운 내용으로 감동을 준다. 식민지의 힘없고 가진 것 없는 자, 병자나 과부에게는 그렇게도 온유하고 자비로우면서도 민족의 등을 쳐 먹고 사는 권력 있는 지배층, 인색한 부자들에게는 눈엣가시 같은 말만 하고 다닌다. 형식에만 투철한 보수적인 종교인, 지배계층을 대할 때는 칼날보다 더한 공격형이 된다. 하여 상대방의 시기와 질투의 수위는 점점 높아만 간다.

　한 번은 혼인 잔치에 초대받았다. 손님을 접대하는데 포도주가 떨어졌다. 어머니는 자기 아들이면 해결할 수 있을 것 같았다. 하지만 아들은 "여자여, 나와 무슨 상관이 있나이까. 내 때가 아직 이르지 못하였나이다." 라고 답한다. 찬바람이 횡 분다. 어떻게 그렇게 말할 수 있을까. 내 때가 아직 이르지 못하였다니? 그러나 어머니는 참는다. 그리고 같이 있는 사람들에게 "무슨 말씀을 하시든지 시키는 대로 하라."고 했다. 아들의 능력을 믿기 때문이다. 역시 기대를 저버리지 않는구나. 기왕 하려면 따뜻하게 말하면 좀 좋을까. 서운함에 목에서 울컥 했을 수도 있다.

 언젠가 무리에게 복음을 전하고 있을 때 아들을 보고 싶어 가까이 갔다. 그러나 쉽사리 만날 수가 없었다. 누군가 어머니와 동생들이 왔다고 전했다. 그러자 아들은 "내 어머니와 동생들은 하나님의 말씀을 듣고 행하는 이 사람들이라"고 말했다 한다. 어머니의 존재는 이미 없었다. 아들은 이렇게 매몰찬 데가 있었다. 아들을 빼앗긴 서글픔. 대승적 자아로 자신을 키워야 하지만 자기만을 사랑하고 자신의 사랑만을 받기를 바라는 오롯한 욕심이 있는 것이 또한 어머니의 마음이다.

 때가 점점 다가오는 것 같다. 구약의 예언과 꿈에 전하는 여러 내용들이 하나하나 실현되고 있다. 그렇다면? 아들의 목숨을 찾는 이들은 광분하고 있다. 하나님을 아주 잘 믿는다는 자들이 더욱 드세게 그를 미워하고 '하나님의 아들'이라는 그의 언행에 '신성 모독죄'로 올가미를 씌웠다. 병든 자를 고치고 심지어는 죽은 자를 살리던 아들. 그를 추종하던 군중들은 몇몇 선동자들에 비하면 무기력한 대중일 뿐, 그를 변호하는 자는 하나도 없다. 심지어는 그가 택한 제자가 밀고하였고 나머지는 자신들의 세상적인 목적에 부합하지 않는다고 뿔뿔이 헤어지는 현실이다. 수제자라는 이까지 그를 부인하였다고 하니 그 쓰라린 배신과 외로움을 어찌 감당할까?

그렇게 사랑하던 세상을 위해 모든 것을 바쳤건만 세상은 그에게 가장 참혹한 것으로 갚아 버렸다. 예언한 대로 '칼이 마음을 찌르는' 심정이지만 그 잔인함의 현장에 가야만 한다. 목숨이 다하고 뼈가 으스러지더라도 최후의 한 순간까지 똑똑히 지켜보아야 한다. 아들은 십자가 위에 매달린 채 기도를 올렸다. "아버지여 저들을 용서해 주옵소서. 자기가 하는 것을 알지 못합니다." 그런 아들이었다. 순간 기쁨이 밀물처럼 차온다. 원수를 사백구십 번(온전히)이라도 사랑하라던 평소의 가르침을 철저하게 실행한 아들. 그리고 "다 이루었다."고 혼잣말을 했다. 나지막하게.

그가 짊어진 것은 나무 십자가만이 아니었다. 채찍을 맞으며 넘어지고 다시 일어나 걸어야 했던 해골 언덕길의 십자가보다 더 그를 짓누르는 것은 인간을 향해 주어진 자신의 역할이었다. 마지막 즈음에는 그 잔을 거두어 달라는 기도까지 했지만, 순종히여 그 책무를 모두 감당하여 완성한 것이다. 순하디 순한 눈망울로.

그런데 아들의 또 다른 모습을 발견했다. 십자가 밑에 이모와 글로바의 아내 마리아와 막달라 마리아와 제자 요한과 함께 서 있는데 "어머니, 이 사람이 어머니의 아들입니다."라고 아는 체를 하는 게 아닌가. 요한에게 "이 분이 네 어머니이시다."라고 하지 않는가. 그 혹독한 순간에 아들은 어머니의 오롯한 아들이었다. 그리고 마지막 가는 길에 어머니에 대한 육신의 효도를 잊지 않았다.

평생 신앙과 현실 사이에서 곡해와 질시를 받으며 숨 한번 제대로 쉬지 못하고 살았던 지난 33년. 그의 행실을 보며 아들이 생전에 가르쳤던 교훈과 예언의 성취를 믿어 의심치 않았다.

사형수의 어머니는 아들이 사랑한 인간을 자신도 역시 사랑하신다. 원죄가 없이 태어나셨다는 성모 마리아! 해마다 이맘때면 점점 어지러워가는 세상에 빛·진리·생명을 탄생시켜 용서와 화해와 사랑을 싹틔우신다.

어린아이의 마음

맹자는 "대인은 적자(赤子)의 마음을 잃지 아니한 사람이다."라고 했다. 성경에는 "어린아이와 같지 아니하면 천국에 들어갈 수가 없다."고 했다. 18세기 우리나라와 중국 문인들의 관심은 영아, 적자, 어린아이였다. 기성의 지식, 혹은 도덕에 오염되지 않은 '진실성'이란 이미지로 조선의 홍대용, 박지원, 이덕무, 이옥 등과 중국의 왕용계, 나근계, 양복소 등 문인들의 사유의 중심이 어린이였다.

홍대용은 '양지(良知)를 이루면 대인의 마음이 적자의 마음이 된다.'며 동심성의 우위를 강조한 바 있다. 조선의 대문호 박지원은 '내가 말하는 고아한 선비란 그 마음이 '영아'와 같아서 일생을 문을 걸어 잠그고 책을 읽는 사람이다. 영아는 비록 연약하지만 전일한 것을 사모한다.'고 했다. 특히 이덕무는 그의 시

문집 제목조차도 「영처고(嬰處稿)」라고 하며 동심론(童心論)을 전개한다.

"어린아이의 마음은 순일하여 기교도 기능도 없다. 신묘한 기운이 절로 넉넉하고 지혜가 절로 생기고 재능이 절로 자라나 더할 것이 없다." 왕용계라는 명대 문인이 쓴 「적자지심론」의 한 부분이다. 이들과 같은 의식의 사상가를 '양명좌파'라 하는데 이들 중 한 사람인 나근계는 어린아이의 마음이 '수신제가치국평천하'의 근본이라고까지 말했다.

왜 예수님과 맹자, 조선과 명나라의 문인들이 어린아이의 천진무구함을 최상의 미덕으로 찬양했을까? 우리 가정에 오신 천사, 지원 양의 모습에서 그 한 모습을 찾을 수 있었다.

지원이의 첫돌 즈음이었다. 그 이전부터 손바닥만 한 아기책을 가지고 놀았다. 토끼, 강아지 등의 동물그림과 사과, 당근 등 과일, 채소부터 아기랑 엄마가 밥 먹고 노래 부르는 등의 일상생활을 안내하는 가장 초기 형태의 놀잇감용 책이었다. 걷지도 못할 때라 지원이는 앉아서 그 책을 넘기며 한참씩 놀곤 했다. 그런데 어느 날 문득, 지원이는 책을 거꾸로 보는 적이 없이 항상 바르게 그림을 보는 것을 발견한 것이다. 그림책 위의 한 줄 정도의 글도 그 아이에겐 그림일 테니 상관없는 일이고.

엄마의 눈에 띄었는지 아빠가 발견했는지 우리 집에 와서 그

'사실'을 말하자, 우리 모두는 호기심이 발동, 지원 양을 향한 탐문이 시작되었다.
"얘가 진짜 알고 그러는 걸까?"
"알 리가 없는데······."
"어쩌면 그럴 수가 있지?"
증조할아버지, 증조할머니부터, 할아버지, 할머니, 고모······. 미심쩍어 하는 사람은 두세 번 씩 책을 돌려서 지원이에게 주면 백발백중으로 지원이는 책을 바르게 펴서 보는 것이다. 자기 앞에 거꾸로 놓여진 책을 180도 회전시키는 손놀림조차 정확했다. 설날, 방안에 모인 거의 모든 식구가 책을 거꾸로 줘도 소리 없이 앉아서 책을 바로 펴는 지원 양. 싫증도 안 나는지 짜증도 안 내고 책면을 돌리는 아기를 보며 나는 동심론을 기억해 냈다. 그리고는 아기를 의심하여 시험하는 어른, 내가 스스로 미안해서 책 테스트를 마쳤다.
어떻게 알았을까? 말도 안 통하는 아기에게 설명해줬을 리는 만무하고, 사물을 보더라도 그림과는 사뭇 다르기 때문에 연상으로 알 수 없을 텐데. 그보다 더한 것은 거꾸로 놓인 책의 쪽을 돌려놓을 때, 싫증이 나고 질리지 않는지 수도 없이 반복하는 아이의 순진함이었다. 영아는 비록 연약하지만 전일한 것을 사모한다더니, 아무것도 모르고 걷지도 못하는 아기의 온전함이라니······.

얼마 전 인터넷 상에 한 장의 사진이 우리를 뭉클하게 한다. 이라크 전쟁에서 엄마를 잃은 고아가 그린 흑백 사진이었다. 그림 속의 아이는 고아원에서 살고 있는데 그 마음과 지혜가 우리를 놀라게, 슬프게 했다. 엄마가 세상의 전부인 아이. 아이는 세상을 잃은 채 하루하루를 보내고 있을 터였다. 보고 싶은 엄마, 그리운 엄마를 찾던 아이가 발견한 기상천외한 방법, 그리고 그렇게라도 하면 엄마의 품속에 안긴 듯하겠다. 아니 그 방법밖에 없을 듯하다.

방바닥에 백묵으로 엄마를 그렸다. 머리가 길고 눈이 동그랗고 미소를 머금은. 팔과 다리는 실선이지만 몸통은 큼지막한 엄마. 드넓은 엄마의 품속을 아이는 그렇게 형상화했다. 그 그림 속에 들어가 웅크린 채 잠이 들어있다. 신발은 엄마의 발목 부근에 벗어놓고 엄마의 가슴팍 부근에서 잠든 아이의 꿈속에 제발 엄마가 나타났으면……. 꿈속에서나마 아이의 시름을 잊게 해주고, 고단한 세상을 헤쳐 나갈 수 있는 한마디의 말을 해 주었으면. 눈이 시리도록 푸른 가을 하늘을 바라보는 양, 가슴을 먹먹하게 한다.

큰 사람, 양지를 이룬 사람, 천국에 들어갈 사람, 아니 마음 속에 천국을 이루고 사는 사람은 세상의 모든 지원이들이었다. 그래서 아이들은 어른들의 아버지였다. 어머니였다.

신이화 같은 딸에게

우리 아파트 꽃밭에 매화가 피었다. 선암리보다 좀 빠르다. 여느 때는 아파트의 매화 개화를 지나쳤는데 올해는 몇 주 전부터 내 눈에 뜨인 걸 보면 내가 좀 여유로워졌나 싶다. 아니 분명 내 안에 여유로움이 있다. 여유로움 속에서 운동화 끈을 매고 있지.

청매가 조금 앞서 부끄러움을 모르는 여인마냥 꽃술을 다 드러내 놓고 있는데, 홍매는 꽃망울과 함께 어우렁더우렁 피고 있어 더 아름다워 보이는구나. 눈을 좀 높이 뜨면 목련이 가장 이쁜 요즈음이다. 너도 그런지, 나는 개화 직전의, 꽃망울이 부풀어 있을 때를 좋아한단다.

네가 거문고를 배우고 싶어 하는 맘이 참 곱고 이쁘게 여겨진다. 바빠서 눈코 뜰 새 없을수록 여유를 갖고 자신을 다독이며 멋스럽게 살아가거라. 지금은 힘들고 시간이 없지만 먼 훗날 네 모든 일이 정착되었을 때를 그리며 지금 주춧돌을 놓는 거다.

음이 낮아서 정조가 어둡고 배우기가 가야금보다 몇 배 힘들다던데 네가 슬기롭게 이겨나가리라 믿는다. 아니 홍대용 선생이 거문고의 대가라서 내가 정이 담쑥 들어하는지도……. 담헌 선생은 거문고를 메고 압록강을 건너 베이징까지 갔으니 그분도 퍽이나 극성스럽지? 무릇 극성스럽지 않고 되는 일은 세상에 아무 것도 없음을 우리는 알지. 거문고를 좋아하는 선비들은 공통된 특징을 지녔는데 대쪽 같은 지조, 깔끔한 몸가짐, 곧은 생각과 절제된 행동, 소유로부터의 자유가 그것이다. 그들은 가진 것을 언제든 어려운 이들과 나누었고 예술을 돈과 바꾸지 않았단다. 이것이 본래의 풍류문화 속에 있었던 풍류정신이었다.

거문고는 명연주자이신 ㅇ교수께서 소리를 들어보고 정해 주시기로 했고 4월 3일 받아다 내가 가지고 가야할 듯. 받침대도 주문했는데 골무는 네 손에 꼭 맞아야 한다니 네가 준비하길! ㅇ교수님이 좋아하시며 방학 때는 싸릿재에서 가르쳐주시겠다는구나. 넌 복도 많다. 큰 복이 드디어 터지기 시작함을 느낀다.

살아가면서 한 번의 행동으로 평생 그 사람에 대한 이미지가 결정되는 일이 많더라. 만나는 사람, 사람들을 귀히 여겨서 참됨, 착함, 아름다움을 다 갖춘 여신의 자리를 부산을 떠나 올 때까지 지키기를 빈다.

전주 아가씨로서 풍년제과 쵸코파이와 한지봉투로 고향 홍보대사도 하길! 아니 누군가의 마음을 사로잡는 비장의 무기로 쓰여지면 더 좋겠다는 오롯한 욕심.

2013. 설렘으로 가득한 3월을 보내며.
사랑하는 엄마.

훈련 중인 아들에게

 하늘이 뿌옇다. 베란다 창밖이 온통 회색이다. 아들이 야외에서 훈련받을 일을 생각하니 황사가 더 밉고 안타깝구나!
 네 편지를 받고 감동을 받았다. 앞으로 더 효도를 하겠다니 잔뜩 기대할란다. 읽을수록 웃음이 나오는 것도 숨기지 말아야겠구나. 네 필체가 꼭 큰 외삼촌을 닮았어. 유전자의 강하고 질김을 다시 확인했지.
 고된 훈련을 받는 아들아! 오늘은 시간여행을 하자꾸나.

 하나. 할아버님의 태몽과
 대야 벽돌집 우리 신혼 방에서 살 때 할아버님께서 어느 날, 둥근 해가 엄청나게 크고 밝게 떠오르는 꿈을 꾸셨단다. 좋은 징조인데 아무리 생각해도 태몽인 듯하다고 그 꿈은 당신 것이 아니란다. 그러시면서 이렇게 좋은 것은 어리버리 가져가면 안 된다고 아들 며느리에게 사라셨다. 나는 신라 김춘추의 아내 김문희가 언니로부터 비단 치마 한 폭으로 꿈을 산 후, 나중에 태종무열왕의 왕비이며 통일 신라의 문무왕의 어머니가 된 그 유명한 이야기가 퍼뜩 떠오르지 않겠니? 그래서 우리가 거금을 주고 샀지. 그래서 네 이름을 클 석(碩), 빛날 호(皓) 자로 지어 주신 거야.

  나도 꿨지. 할아버님 꿈보다 먼저 꾼 것으로 기억되는데 내 겐 '태몽'이라는 개념도 없었을 때였어. 하도 신기한 꿈을 꿨다고 애기했더니 '태몽'이라고 황등중 음악과 ㅇ선생님이 알려 준 전설. 넌 예전에 들었으니 이 순간도 '우리 엄마 그 얘기 또 허시네 쯧쯧…' 하겠지만 아무리 말을 해도 신기하기만 하고 기분이 좋아지니 난 이번엔 써야겠다.

  둥글둥글 이어지는 구릉이 온통 포도밭이었어. 나 혼자서 끝 없이 이어지는 포도나무 사이를 기분 좋게 다니다가 - 너 기억 나니? 리장(麗江) 만대루에서 내가 걷던 그 스텝말야. - 풍성하게 연 먹포도 송이에서 포도 알을 하나씩 따먹고 다니는 거야. 켐벨 포도송이에 거봉 포도 알이 하나씩 박혀있는데 그것만 쏙쏙 뽑아먹고 다닌 거야. 한참을 그런 후에 문득 떠오르는 생각이, '이러면 이 포도는 상품가치가 떨어져서 안 되는데……. 포도원 주인은 어떻게 해?' 하는 생각이 드는 거야. 그래서 그만.

난 꿈속에서도 실용주의자?

　장면이 바뀌어서. 끝없이 펼쳐지는 야트막한 바다 위의 배 안. 육지에 가까운 물속이 환히 보이는 에메랄드색 바다. 주위를 돌아보니 다송교회 교인들이 보였다. 미끄러지듯이 앞으로 나아가는 우리 일행. 나는 평소 숙면을 취하니 별로 꿈을 안 꾸는데 이 꿈은 30년이 돼도 이렇게 선명하니 웬일인지…….

　둘. 내 안의 교만함

　한 세대 만의 첫 출산이니 우리 집안은 나날이 축제였다. 당시 할아버님은 좋은 뉴스 10가지를 메모하시면서 기뻐하실 정도였으니까. 너는 손에서 손으로, 등허리에서 등허리로 옮겨 다니느라 유모차가 필요 없었어.

　〈국민서관〉에서 발행한 365일의 이야기. 행사, 전설 등의 책(책 이름은 기억이 안 남) 한 질이 우리 아들의 교과서였는데 아기는 그 테이프를 참 잘 들었어. 심심하면 테이프를 들으며 그림책을 보았는데 어느 날은 문득, 책을 술술 읽는 거야. 난 깜짝 놀랄 수밖에. 아니 입에서 나오는 말소리에 활자를 갖다 붙였다고 하는 게 정확하겠지. 그래서 말하는 데, 여러 책을 대충 읽는 것보다 한 권을 독파하는 게 훨씬 좋은 독서법이란다. 그 단계를 넘어가니, 가게의 간판에 주목하더라구. 시내버스를 타도, 택시를 타도 끝없는 질문들…….

그 후 내 안에는 오만함이 자리하게 되었단다. 아기 키우는 엄마가 집안 물건들에 이름표를 붙여놓은 것을 보면, '어떻게 허면 저러냐?' 이 교만함의 책임은 바로 너니 알아서 해라.

셋. 여섯 살 때 무등산 종주

광주에서 살았던 기억 중에서 우리 가족이 무등산과 그 주위의 남도 답사를 했던 게 가장 아름다운 그림들이다. 네가 아빠랑 다녀와서 자세한 것을 쓸 수는 없지만 땀에 흠뻑 젖은 머리칼, 연한 민트색 점퍼, 청록색 바지를 입은 야무진 어린이 위로 보였던 갈대와 높푸른 가을 하늘 빛이 눈에 선하다.

86년 이사하던 3월부터 내가 원광대에서 강의를 하느라 일주일의 하루를 광주 고모할머님께서 널 돌봐주셨는데 세 살인 넌 참 적응을 잘 해줬어. 네 맘에 불안과 어려움이 있었겠지만 당시 그런 내색이 없었으므로 난 그렇게 알고 있지. 고마울 뿐이다. 남은 서운한 것이 있더라도 용서 바란다.

넷. 하얼빈광장에서 중국인과 싸울 때의 용감했던 그대들

다시는 하얼빈에 가지 못할 것 같은 예감에 난 기어코 그 겨울의 여행을 감행했던 것 같다. 너희들이 있었기에 자유여행을 했던 그곳에서 가장 인상 깊었던 것은 하얼빈 광장에서의 국제적인 싸움이니 나도 참 못 말리는 엄마다. 우리 잘못은 없었지

만 중국 땅에서 한국사람 세 명과 중국인민 떼거리로 붙은 말다툼에서 나는 되지도 않는 중국말 하랴, 아들 딸 용감한 것 가늠하랴, 중국인들 분위기 살피랴, 입도 마음도 부산했지. 중국인 사진기자는 사진 찍어대지, 자칫 우리가 잘못을 뒤집어쓸 수도 있는 상황에서 너와 니 동생은 분명하고 조리있게 따지는 모습이 어찌나 믿음직하던지……. 아들딸을 보며 난 세상이 두렵지 않더구나.

그리고 무법천지 같아 보이는 중국 땅에도 일말의 양심과 법은 있더라는 위안도 받았다. 하지만 앞으로는 그런 경우는 피하도록 하자. 자칫 큰 피해를 입을 수도 있으니. 세상은 더 험해졌으니 말이다. 또한 살면서 법은 어느 경우라도 완벽하게 지키는 것이 자신에게 크게 이롭다. 자아존중감이 큰 사람은 작은 이익 취하려고 법을 어기는 째째한 짓 하지 않더라. 소탐대실한다. '은혜는 바위에 새기고 원한은 물에 새기라'는 말도 잊지 않기를. 우리 아들이 나에게 준 기쁨을 쓰고 나니 머리가 가뿐해졌네!

날마다 시간 시간 하나님의 보호하심을 빈다.

2013. 3. 20. 수.
영원한 팬인 엄마

소암(素巖)을 향한 변명

　시간은 도망치듯 달아나 어느덧 10여 년이 훨씬 넘었건만 어제인 듯 기억되는 수필 제목이 있다. 모 선배님이 쓰신 「노력하는 삶, 베푸는 삶」이 그것이다. 지리산을 등반하면서 정상에까지 오르는 과정과 내려오는 감회를 인생행로와 적절히 비유하여, 온갖 노력을 다하여 자기 인격을 닦고 그 후의 삶은 이웃을 위해 베풀며 살아가겠다는 요지이 내용인 듯하다.
　언제인지도 모르게 신문의 활자 속에서 내가 자란 7, 80년대의 사건들을 '비사'라는 제목으로 빚어내고 있으니 당시를 몸으로 부대끼며 살아온 나는 역사의 증인이 되고 말았나? 시시각각으로 발명되는 과학용품들을 접하면서 나는 외계인이 된 듯한 착각에 빠진다. 하지만 역사적인 사건들은 더욱 현존성을 드러내고 창세 이후부터 지금까지 변함이 없는 것은 인간의 본

질이니 달라지는 것은 결국 아무것도 없다는 게 좁은 소견으로 터득한 나의 굳어진 생각이다.

다만 내가 노력하는 삶과 베푸는 삶에 얼마나 충실한가를 자문하며 매번 자신이 없음에 당황한다. 노력하는 삶에도 구멍이 숭숭 뚫려 삼십을 훨씬 넘긴 이 나이에조차 바로 서지 못했고 그러다 보니 베푸는 삶이야 오죽하겠는가. 남들에게는 큰 피해를 주지 않고 살아왔고, 피해라 해도 일과성의 것이니 회복이 가능하고 공인으로서 큰일을 맡지 않았으니 크게 저지른 잘못은 없다. 그러나 내 자신과 가족들에게 행한 크고 작은 실수와 역할 수행에 미흡하고 직무태만에 그것도 부족하여 폭군에까지 이른 적도 있었다.

내 그릇이 작고 그나마 온전히 빚어지지 못하여 매번 가장 부끄러운 대상은 아이들과 남편에게다. 아이들도 저희 아빠 손을 마주 잡아 키우니 엄마의 허술한 손길을 아빠가 채워주지만 이 세상 누구와도 짐을 같이 질 수 없고 역할을 대신할 수 없는 것이 '아내'라는 자리가 아닌가 한다. 그런데 이 아내라는 소중한 위치가 내게는 힘에 버겁고 돌아보면 실수투성이의 자리지킴이 있었으니……. 신혼 초기에는 결혼의 준비가 전혀 되지 못한 상태에서 시집살이에 뛰어든 용기가 지금 와서 생각해도 가상할 정도다. 마음도 덜 여물고 손길도 무디기만 한 며느리, 언니, 형수를 오늘에까지 감싸주신 시댁식구들이 고맙다.

결혼생활과 나의 일을 겸하겠다는 오만함으로 자신을 과신한 채 아내는 늘상 신랑을 위한 빈자리를 마련해 두지 못하는 어리석음을 범하고 있었다. 철로의 두 갈래 길이 평행이 되어있어야 기차가 달리는데, 동행하고픈 심사가 강했는지 상대방의 길을 내게 꼭 붙여놓아야만 안심이 되는 미분화된 인격인 점도 부인할 수 없다. 항상 시간의 종이 되어 지배받을지언정 지배하지 못하는 영원한 노예. 시적인 그이 체질에 산문인 나의 어쭙잖은 논리로 어울리지 못하는 점. 이루 헤아릴 수 없다.

그를 만난 지가 십 수 년. 그로 인해 내 가슴이 포만한 행복감으로 다른 어느 것도 보이지 않던 때가 있었다. 이제는 내 기억의 끄트머리까지 점유하여 그와 공유하지 않은 추억이 없고 앞으로의 긴 여로에 '덕 쌓기'에 전념해야 할 우리다. 때로는 그의 말이 비수가 되어 내 가슴을 찌를지라도, 내게 씌워준 '크산티페'라는 별명조차 화관으로 여기고 한바탕 화관무를 출 일이다.

그가 고백한 "태초에 하늘이 처음 열리고 땅이 갈라지는 억겁 전의 순간부터 현세, 내세의 끝날까지 우리 부부의 인연은 묶여져 있고 색동이불은 준비되어 있었노라"는 말이 기억난다. 세월이 우리의 감성을 발가락을 간질이는 변산 앞 바다의 모래알로 순화시키고 이성을 밝게 해주었음에 감사한다. 그에 대한 나의 애정과 믿음과 바람을 아로새겨 삶이라는 비단을 짜고 있다.

4.
보파시장

보파시장

'보파시장(補破詩匠)'이란 '잘못된 글이나 시구 등을 고쳐주는 사람'을 일컫는 말로 실학파 문인 유득공이 친구 이덕무에게 던진 말이다. 유득공의 『고운당필기』에 「보파시장」이라는 꼭지의 글이 있다. '시 땜장이'로 번역할 수 있는 이 말은 남의 글을 첨삭해주며 생활을 해야 할 수밖에 없었던 당시 문인 지식층인 연암그룹의 생활처지를 사실적이면서도 희화적으로 풍자한 단어이리라.

유득공은 남산의 본가로 돌아 온 뒤에 곧 경행방(현, 종로2, 3가 낙원동 등)으로 이사하여 오랫동안 생활하였다. 이곳에서 유득공의 생활은 넉넉하지 못하였다. 유득공은 "서울에는 온갖 물건을 수선하는 장인이 있으니, 나와 자네(이덕무)는 늙었고, 글공부에도 재주가 없으니, 굶어 죽기 전에 시 수선공이나 되었으면 한다."는 말을 했다.

하지만 이는 순전한 겸사. 유득공(1748~1807)은 민족사를 재인식하는 것이 무엇보다 긴요한 과제라고 생각해서 『발해고』를 쓴 분이다. 그 서문에서, 삼국시대에 이어서 남북국 시대가 전개되었는데 남북국을 다 계승한 고려가 발해사를 편찬하지 않은 것은 잘못이라고 지적했다. 이 책은 '발해사'를 독립적으로 다룬 유일한 책이라는 점과 자주적인 입장에서 발해를 우리 국사의 영역으로 끌어들여 발해의 옛 땅이 우리 영토라는 사료적 근거를 제공했다는 점에서 사학사적 의미가 크다. 뿐만이 아니다. 지난 시기 도읍지를 두루 찾아서 「이십일도회고시」 43수를 지은 것도 비슷한 생각의 문학적 표현으로 볼 수 있다. '벼루 수집가'로도 알려져 있는 멋쟁이 유득공. 조선 벼루의 계보를 정리한 『동연보』를 지을 정도로 벼루를 사랑한 유득공이다.

또한 당대의 뛰어난 인사들이 이덕무(1741~1793)의 평비를 얻으면 황금이니 보석보다 진귀하게 여겼다고 한다. 이덕무 역시 빼어난 문장으로 시와 산문의 명문장가이다. 독서와 글쓰기에 대한 그의 일화는 얼마나 많고 감동적인지 일일이 나열할 수가 없다. '간서치', 책만 읽는 바보라는 별명을 가진 그분. 열여덟 살 때 이미 아홉 가지의 독서법을 정리하여 글로 써온 수준 높은 독서가였다. 조선후기 4대 시인이 이덕무, 유득공, 이서구, 박제가가 아닌가. 그리고 이들은 정조 임금의 총애를 받아 규장각 검서관을 했으니 오늘날로 보더라도 지식인 중의 지식인들이다.

이덕무와 홍대용은 특히 친밀하였는데, 호남의 지방관(태인현감)으로 나가게 된 홍대용이 가난한 이덕무의 살림을 돌보려고 간절하게 불렀으나 이덕무가 사양했다는 일화를 그의 아들이 전한다. 이덕무는 겨울 날 벼루의 물이 얼고 찬바람에 잠을 이룰 수가 없어서, 한서를 펴서 이불 위에 덮고 논어 책을 세워 놓고 칼바람을 막았다고 쓰고 있다. 그러니 남의 글을 고쳐주고 책을 필사해주며 생활을 했던 것이다.

정조대왕조차도 이덕무에게 "남의 글을 교정하거나, 남의 책을 정리만 하지 말고 그대의 책을 쓰도록 하라." 하여, 시간과 비용을 마련해 주었으니 그보다 큰 영광과 기쁨이 있었을까? 뿐만 아니라 정조는 내탕금 5백 냥을 하사하여 그의 유고를 간행하게 하고 아들 광규를 규장각 검서관으로 특별 채용하기도 했다.

나도 비슷한 일을 한 적이 있다. 어떤 분은 당신의 거의 모든 저작물의 마지막 원고를 내게 읽게 하셨다. 베이징에 잠시 거주하던 시절의 일이다. 초고를 베이징 시내의 아파트로 국제특송하셨는데, 미리 연락을 주지 않아서 나는 전혀 모르는 채 살고 있었다. 내게 우편물이 올 것은 생각지도 못했기에 그 원고뭉치는 먼지를 뒤집어 쓴 채 묵어 있었던 것이다. 어느 날,

공동현관에서 만난 중국인 아주머니가 우편함을 가리키며 "이거 당신 집에 온 우편물이에요."라고 알려줘서야 찾았다. 그 놀라움과 반가움이라니.

주변의 학생들이 입시원서를 낼 때 〈자기소개서〉나 〈학업계획서〉 등의 교정을 부탁한다. 때로는 내가 청해서 고쳐주기도 했다. 나는 그때마다 고마운 마음으로 문장을 매만지고 잘못된 전고 등을 바로잡는다. 지인의 글은 읽으며 감격의 눈물을 흘리고 글쓴이와 농밀한 친밀감을 느끼며 글쓴이를 존경하게 된다. 글을 맡겨 교정을 부탁하는 것은 그의 정신을, 의지를, 지향을 터놓고 교류하자는 것이다. 피아일체가 되어 한마음이 되는 일에 주저함이 없다는 뜻이다. 그 이상의 하나 됨이 또 있겠는가?

요즘 대학에서는 '글쓰기클리닉'이라 해서 각종 장르의 실용문과 문예작품을 교수와 학생, 일대일로 첨삭지도를 하게 한다. 내가 일하던 Z대학에서는 3차에 걸쳐 시도를 하여 완성된 글과 양식에 따른 지도 결과서를 제출하게 하고 이 실적에 따라 수당을 지급했다. 또한 교양 필수과목인 〈글쓰기〉시간에는 첨삭지도를 기본으로 한다. 나는 토박이말과 우리말 어법에 맞게 쓰도록 지도하고, 글쓴이의 의도를 최대한 살려서 글을 고치며, 할 수 있는 대로 스스로 완성한 글을 다시 받아서 평가를 해왔다. 첨삭 지시만 하고 확인을 안 하면 지도내용은 사라지고 같은 실수를 반복하는 일들이 빈번하기 때문이다. 아무리 좋은 생각, 표현이라도 문자로 고정해놓지 않으면 아침 안개가 된다.

 읽는 사람도 정신과 마음의 쇄락함의 정도에 따라 글이 다르게 읽힌다. 해서 보파시장의 눈은 먹잇감을 찾는 독수리도 되고 젖먹이를 바라보는 어미도 되어야 한다. 뱀같이 지혜롭고 비둘기같이 온순해야 한다. 글은 쓰기나 읽기가 언제나 어렵다. 해서 소경이 소경을 인도하는 어리석음을 지금도 범하고 있다.

 나는 학생들의 글을 읽는 기쁨으로 이 일을 해왔다. 글을 통한 인간이해, 심리적 거리감의 축소, 서로 껴안게 되는 허물이나 상처로 정이 들어서 '사람'자체가 잊히지 않는다. 해서 '장인'이라기보다는 '애호가'이다.

 그리고 내 글도 부탁하는 '보파시장'이 계심으로 행복하다. 이 봄, 내 그분께 조촐하나마 한 상 차려야겠다. 유치한 시를 기쁘게 읽어주시고 세심하게 고쳐주시며 격려해주시는 문화재급 보파시장께.

막걸리 속의 달을 들이키다

첫눈과 함께 종강.

어제 살짝 내리기 시작한 첫눈 아래서 지역혁신관 303호에서 간호학과, 물리치료과, 한식조리학과 등의 학생이 주가 되는 글읽기 2분반이, 아침부터 눈답게 내린 오늘 9시부터 스타센터 201에서 가정교육과, 관광학부, 경영학과 학생들 중심의 16분반이 다음 주 시험만 남기고 수업을 마쳤다. 같은 과목을 〈속해독서법〉이라는 같은 교재로 주당 3시간의 수업인데 각 반이 30명이 정원이다. 학생들 또한 열심히 응해 주어서 2분반의 경우 특히 설레고 애착이 가는 수업이었다.

정보의 입수, 저장, 표출이라는 단계가 순환되면서 더욱 풍부해지고, 강화되며, 속도가 붙는다는 요지의 강의를 통해 독서기법을 익히는 과정이었다. 과제가 다소 많은 내 수업에 학생들의 불만어린 표정을 찾지 못했다. 교수법도 잘 따라 주었고 조별 활동도 제법 잘 해서 조별로 전출(전 강의 개근) 하는 등, 인간관계도 잘 맺어왔다.

수필가 윤오영의 「달밤」을 읽고 '다른 제목을 지어보기'에서, 「달밤, 인연의 다리」, 「막걸리 속의 달을 들이키다」 등의 제목을 붙였다.

나는 고려 문인 이규보가 지은 시 「우물 속의 달빛을 노래하다(詠井中月)」를 소개하며 그 이미지를 그려주었다.

산승이 달빛을 탐내 병 속에 물과 달을 함께 길었네(山僧貪月色 幷汲一甁中).
절에 돌아와 비로소 깨달으리 병을 기울이면 달도 따라 비는 것을(到寺方應覺 甁傾月亦空).

그리고 임권택 감독의 전주 한지의 아름다움을 예찬한 영화 「달빛 길어 올리기」를 보았느냐고 물으니 고개를 저었다. 영화를 보지 않은 것은 한편으로는 섭섭했지만, 그 영화를 보지 않고도 이런 제목을 찾을 수 있었다는 점에서는 더욱 놀라웠다. 내가 보기에는 원작보다 더 나은 제목이다. 달밤에 한 사발의 농주를 대접하면서 침묵으로 서로 통하는 그 노인과 서울 청년의 정감어린 만남. '어울림 조'가 새로 지은 제목, 「막걸리 속의 달을 들이키다」는 모두 아우르고 있었으니까. 「달밤, 인연의 다리」도 간명한 표현으로 달밤의 분위기와 세대가 다른 도농의 노인과 젊은이의 마음을 이어준 것이 달밤이라는 것을 적확하게 짚어 준 우수한 표현이었다.

또 Mapping을 활용한 고공학습법에서는 기발한 아이디어로 그려낼 뿐 아니라 글 전체를 읽고 이해하는 태도도 훌륭했다. 조별 활동을 하면서 아이디어가 상승작용을 하는 듯했다. 역시 학생들은 이끄는 대로 그 기량을 발휘한다는 믿음을 확인할 수 있었다.

학기가 마무리되는 12월 3주에는 결석을 방지하느라 직접 학생들에게 문자를 보내거나 전화를 하기도 하고, 조원들에게 시켰다. 늦게라도 오게 했더니 염치없지만 늦게 오기도 했고 이후로는 결석을 하지 않아서 수강생 전원이 끝까지 학기를 마칠 수 있게 됐다. 나름대로 성취감을 느껴보도록 하기 위해서였고 자식같은 학생들이 수강을 포기하고, 졸업 필수과목이기에 계절학기에 또 등록금을 내고 재수강하는 안타까운 일은 하지 않도록 해야 하기 때문이다.

정보 표출 단계에서는 〈자기 관리법〉을 쓰게 함으로써 자신의 꿈을 이루는 방법을 생각하고 대학생활에 대한 계획을 세워 나가도록 유도했다. 그리고 일일이 첨삭지도를 해줬다. 글쓰기 강의에서는 첨삭지도가 기본이지만 독서기법 강의에서는 처음 있는 일이다. 그럼에도 미진한 것은 내가 휴강을 한번 했다는 사실이다. 무리를 했는지 머리가 아파서 예고 없는 휴강을 한 점이 무척 미안했다. 강의하면서 처음 있는 일이다.

다음 학기에도 이 강의를 하는데 더욱 효율적인 강의를 위해 몇 가지를 더 해야겠다.
1. 첫 시간에 자기소개서 받기; 학생들 자세히 파악, 이름 빨리 외움.
2. 중간고사 전에 학생들의 건의 사항 받기.
3. 종강 후 강의에 대한 소감 받기; 장단점 파악.
4. 매 시간 강의를 90분의 드라마처럼 박진감 넘치게!

2011. 12. 9.

종강을 하고 채점을 마쳤다. 기대했던 대로 성적이 좋았다. 출석 10%, 중간·기말고사 각 30%, 과제·발표 30% 100점 만점에 90점 이상이 19명이다. 재적 34명이니 A가 56%인 셈이다. 〈속해독서법〉은 상대평가 과목으로 A를 줄 수 있는 것은 30%로 10명뿐인데 일반적인 기준으로 평가한 결과 A를 맞은 학생이 19명이니 그만큼 열심히 공부했다는 것이다. 조이름대로 전원이 A를 받은 조도 있었다.

나는 기뻤다. 하지만 그것은 곧 학생들의 슬픔으로 대치되었다. 가뜩이나 열심히 공부한 이들의 성취동기에 비해 정해진

%만큼밖에 A를 못주기 때문이다. 최고 점수부터 10명을 끊어 A를 주고 나머지는 B를 주자니 안타깝고 괴로웠다. 그래서 점수 조정을 하다 보니 89점이 유난히 많았다. 마음이 아팠다. 아니나 다를까 "언제부터 성적 열람할 수 있느냐?"는 전화가 빗발쳤다. 성취동기가 강하고 열심히 공부했기 때문이다. 성적에 대한 문의 전화가 이렇게 많이 오는 것은 처음이었다.

　나는 사실대로 말하고 열심히 공부한 학생들을 치하했다. 그리고 열심히 공부해줘서 고맙다고 말했다. 〈속해독서법〉 내용을 숙지하여 배운 이론대로 좋은 책을 많이 읽으라는 부탁도 잊지 않았다. 어떤 친구는 울먹이며 재수강하겠다는 친구도 있었으나 대부분 이해하고 받아들였다. 다음 학기도 〈속해독서법〉 강의는 계속된다. 이번 새 학기에는 더 열심히 강의하고 더 좋은 만남으로 승화시켜 학생 한 사람, 한 사람을 천하보다 귀하게 여겨야지. 최고의 강의가 되도록 교수법을 개발하여 후회없는 인생을 살아야 한다

베이징 남천주당의 추억

 담헌 홍대용(1731~84)이 지은 중국여행기 『을병연행록』의 중요한 내용의 하나가 천주당 방문기록이다. 홍대용은 사실상 서양 과학기술의 중요성을 인식하고 그것을 습득하려 노력한 조선 최초의 인물이었다. 또한 본인도 서양 과학기술의 파급자인 천주교 신부들과 필담을 하고, 천주당 방문기를 남긴 것에 대해 자부심을 지니고 있었다. 남천주당에 세 번, 동천주당에 한 번 방문하여 서양선교사들에게 한문 필담으로 질문을 퍼부었다.
 천주당은 명대에 최초로 세워졌다. 1601년 신종의 허가에 의해 처음 중국을 찾은 예수회파 마테오 리치(Matteo Ricci, 아마두, 1552~1616) 신부가 베이징의 동서남북에 세운 가톨릭교회인데, 선무문 부근에 남천주당을 제일 먼저 지었다. 마테오 리치의 사망 후 1616년 남경교안(南京敎案)으로 인해 명나라 정부는 중국인에 대한 포교활동을 금지시켰고, 선교사들을 마카오로 보냈다. 또한 천주당을 정부의 재산으로 귀속시켜 폐쇄하였다. 이후 명 숭정 2년(1629년) 명나라의 역법을 새로 고치면서 서양 역법에 능한 독일인 선교사 아담샬(1591~1666)이 그 과정에 참여하였다. 이로 인해 다시 포교활동이 가능하게 되었으며, 남천주당도 선교사들이 다시 머물 수 있게 되었다. 이후는 왕조의 교체에도 불구하고 선교사들의 지위에 변함이 없었으며 나아가 황제의 도움으로 새롭게 중건하였다. 남천주당의 중건 이후 청 순치황제와 좋은 관계를 지속적으로 유지하여 천주당은 부흥기를 가졌다. 그러나 순치황제 사망 후 아담샬은 정치적인 이유로 투옥되었으며, 남천주당 또한 훼손당했다. 강희황제가 집권하면서 다시금 선교사들의 지위와 남천주당은 회복되었으며 몇 차례의 붕괴, 화재와 같은 사고와 중건의 과정을 거쳐 오늘날 남천주당의 모습으로 남아 있다.

연행단원들이 찾아가던 곳도 주로 남천주당이었는데, 규모나 치장이 가장 좋았으며 연행사들이 묵었던 옥화관(조선관)에서 가장 가까운 곳이라는 이유도 있었다. 17세기 후반부터 조선사신단은 베이징의 천주당을 방문했고, 그곳의 서양신부들은 포교에 목적이 있었기에 마리아상 등의 신상, 가톨릭 관계 서적과 자명종, 망원경 등의 과학기구 선물을 아끼지 않았다. 그런데 조선인 중에는 무례한 사람도 있어 담헌의 시대에 오면 구경을 거절당하는 지경에 이르렀다.

남천주당은 1755년(건륭 40) 화재가 발생해서 불 타버리는 바람에 건륭제가 은 일만 냥을 내려 중건한 후였다. 담헌은 베이징에 이르자마자 방문을 서둘러 1766년 1월 9일 관상감 이덕성, 역관 홍명복, 그리고 세팔과 함께 천주당을 방문한다. 천주당 신부들에게 천문학과 자연과학에 대한 견해를 듣기 위해서였다. 당시 담헌을 안내한 두 신부는 청나라 국립천문대인 '흠천감'의 총책임자였던 슬로베니아 출신의 유송령(A.von Hallerstein, 62세)과 독일 출신의 포우관(A. Gogeisl, 64세) 선교사였다.

이들은 담헌 일행에게 조선의 위치와 거리, 크기 등에 대해 물어보고 천주당의 이곳저곳을 구경시켜주다가, 망원경으로 태양을 관찰하게 하고 여러 천문관측 기구들을 보여주었다. 특히 천주당 남쪽 벽에 있는 파이프오르간을 보여주었다. 담헌은 신부에게 올라가 보여주기를 청했지만 유송령은 난처해했다. 결국 여러 차례 청하자 열쇠를 가져다 문을 열고 사다리를 오르고 한 층을 다시 올라 누각 아래까지 가서 보여 주었다.

큰 나무로 틀을 만들었는데 사면이 막혀 있으니 은연히 궤 모양이고, 장광이 한 발 남짓하고 높이는 한 길이다. 틀 밖으로 50, 60개의 쇠 통을 장단이 층층하도록 정제히 세웠으니, 다 백철로 만든 통이고 젓대 모양이다. 짧은 통관은 틀 안에 들어 있어서 그 대소를 보지 못하나, 긴 통은 틀 위에 두어 자가 높고, 몸 둘레 굵기는 두어 움큼이니, 대개 길이와 몸 둘레를 차차 줄였는데, 이는 음률의 청탁고저를 맞추어 만든 것이다. …중략…
-『을병연행록』인용-

다 소개할 수는 없지만 이처럼 상세한 묘사는 현대인들을 부끄럽게 한다. 사진을 찍은 후 글쓰기를 한 것도 아니건만 어찌 그리 순간을 세밀하게 포착할 수 있었는지. 처음으로 본 파이프오르간의 원리와 구조를 파악한 후 악기 소리 내 볼 것을 간청하였다. 담헌은 유송령이 내는 소리를 듣고 그 음이 무엇인지 모두 맞추었다. 오르간 파이프의 길이와 지름에 따라 음이 다른 것은 거문고가 현의 굵기와 괘의 길이에 따라 각각 다른 소리를 내는 것과 같은 원리라고 깨달았고, 이어서 오르간 스톱을 두어 번 짚어 조절한 후에 거문고 곡을 그럴 듯하게 연주하였다. 이것이 동방의 음악이라고 소개해서 선교사들을 깜짝 놀라게 하였다는 대목에서는 우리가 더욱 놀라지 않을 수 없다. 더구나 나라의 명이 있으면 이 악기를 만들 수 있을 것이라고 했다니. 담헌은 음악 전문인이 아니었음에도 거문고, 가야금, 양금, 중국악기 금과 슬 등 여러 악기연주에 능통했다. 6개월 간의 연행길에 거문고를 말에 싣고 가서 중국악사들 앞에서 연주하기도 했다. 그는 남천주당의 집과 기물이 더 이상하고 유송령과 포우관이라는 신부가 있어서 소견이 높았다고 쓰고 있다.

　담헌이 방문한 천주당은 연암의 기록에 따르면 건륭 기축년 (1769년)에 헐렸음을 알 수 있다. 따라서 풍금도 남아 있지 않고 다락 위에 있는 망원경과 각종 기구들을 살필 수 없다.

　조선 최초의 천주교 영세 교인인 이승훈도 1783년 동지사에 서장관으로 베이징에 가는 아버지를 따라 갔다. 담헌의 연행 17년 후, 같은 자격, 비슷한 계절의 연행길이었다. 10월 14일 서울을 떠나 12월 21일 베이징에 도착했다. 40여 일 동안 이곳에 머무르며 주교좌 이던 남천주당에서 필담으로 교리를 배웠다 한다. 그러니 베이징 남천주당은 한국 기독교 신앙의 뿌리이며 모태와도 같은 장소였다.

　새 천년 벽두에 우리 가족은 베이징에서 생활한 적이 있다. 생활의 거처를 옮기면 곧 예배처를 정하는 것이 중요한 일이기에 우리는 의견을 모으다가 남천주당에서 미사를 드리기로 했다. 숭문문 교회가 있었으나, 중국은 자국의 신학, 자립의 교회경제, 자립의 선교가 원칙인 '삼자'교회여서 맘이 내키지 않았다. 비록 몇 번 드리다가 나중에 알게 된 한인교회, '21세기 교회'로 옮겼지만, 내게도 과거 연행사들이 찾아가 보았던 남천주당에 대한 호기심이 꿈틀댔던 것이다.

　우리가 거주했던 베이징대학, 칭화대학 부근에서 그곳까지 가려면 택시를 타도 길이 막히면 한 시간이 더 걸렸다. 한국어 예배시간을 맞추려고 천주당 안뜰에는 우리 교포, 주재원 가족, 유학생들이 발 디딜 틈 없이 서성이고 있었다. 나는 천주당의 이곳, 저곳을 기웃거리며 안내판을 읽어보았으나 명쾌하게 정리가 되지 않고 안개 속을 거닐 뿐이었다. 연행사들은 필담으로 그리도 자유자재한 대화를, 심오한 질문을 했다지만 나는 무엇 하나 자유로울 수가 없어 그저 앞에 벽이 턱턱 가로막는 듯했다. 지금만 같아도 좀 나았으련만. 그럼에도 외국생활은 자극으로 인한 도전을 받는 점에서 시도해볼 만하다.

내가 본 남천주당의 풍경은 솜털같이 몽개져 굴러다니던 버드나무 꽃가루 속에서 무릎 꿇고 기도드리던 신자들의 경건한 모습이 그려진 파스텔화이다. 열어놓은 창문으로 꽃가루는 날아오고 인파는 헤아릴 수 없는데 베이징 임업대에서 중국어 연수를 받는다던 신부님의 징론은 기억이 안 나고…….
미사 후 아이들이 신부님의 축복기도를 받으려고 제대 앞으로 뛰어 나가 길게 줄서 있던 모습도 눈에 선하다. 신부님은 한 아이, 한 아이의 머리를 두 손으로 감싼 채 간절하게 기도해 주셨다. 베이징 한글학교에서 잠시 가르쳤던 우리 반 친구들의 얼굴도 보였다.
어린이는 인구의 수에 들지도 못하던 시절, 어린이들이 내게

오는 것을 금하지 말라시며 아이를 안고 기도해주시던 청년 예수님의 모습과 신부님이 오버랩되어 베이징 시절의 아름다운 장면으로 남아있다.

초록빛 속에서

 디나를 만나는 날, 세상이 초록빛이다. 시야가 온통 초록으로 채워진다. 눈이 편안해서 좋은 싱그러운 초록이 언제나 출렁였으면. 초록이 초록으로 이어지는 지리산을 넘어와서인가? 아니다. 디나와의 만남이 초록이었고 디나의 성품이 초록이며 그녀의 앞날이 늘 푸르름으로 너울지기를 바라는 내 마음이 초록으로 충만하기 때문이다.
 내일 한국에서는 디나를 떠나보내지만 그녀는 언제 또 첫눈처럼 살포시 내려앉을지 모른다. 그는 예고하지 않고 한국에 와서 사람을 놀라게 한다. 새벽에 눈 떠보면 온통 천지를 새하얗게 덮어버리는 첫눈이다. 그래서 첫눈 올 때마다 생각난다는 첫사랑이다.
 수년 전, 외국유학생들을 가르치는데 고급반 학생들은 처음이었다. 11개국에서 모인 한국정부초청 장학생들. 중국, 일본, 타일랜드, 미얀마, 우즈베키스탄, 러시아, 몽골, 이집트……. 그야말로 국제무대. 나는 첫 시간 학생들에게 한국어를 통해 만난 국제사회에서 지성인으로 자신을 키워나가라고 말했던 것으로 기억한다. 그리고 '자기소개서'를 이메일로 보낼 것을 과제로 냈다. 자기소개서는 인간을 알아가는 가장 좋은 글이며 기본적인 실용문으로 한국어 교육의 교재에도 나오는 과정이기 때문이었다. 그리고는 영재를 맞은 선생의 환희와 놀라움을 즐겼다.

현직 한국어교수, 의사, 할머니의 나라에서 한국어를 더 깊이 공부하려는 고려인 3세, 퇴직하고 한국어를 공부하기 위해 날아온 골드미스 등 십인십색의 학생들 중에서도 내 마음을 끄는 강력한 자석이 이집트인 디나 예히아(DINA YEHIA)였다. 카이로 아인샴스 대학교에서 한국어를 전공하고 장학생으로 선발된 재원으로 '마음 따뜻한 한국어 교사'가 꿈이라는 히잡을 쓴 아가씨.

'마음 따뜻한' 선생. 나는 부끄럽게도 이 나이까지 그런 꿈을 한 번도 가져보지 못했다. 그저 성의껏 가르치는 것이 전부라고 생각했을 뿐이다. 그가 나의 스승이었다. 스승은, 선생은 그 무엇보다도 마음이 먼저임을 나이 어린 유학생은 알고 있었던 것이다. 다음 시간부터 내 눈에 들어오는 디나는 커다란 눈에 생각을 가득 품고, 조용하지만 생각이 분명한 학생이었다.

대학 교양수업과 같은 발표와 토론학습을 통해 우리는 고급한 국어와 한국문화의 맛을 나누는 친구가 되어갔다. 익산 미륵사 석탑 복원공사 현장을 찾아 박물관 전시물을 보고 금마의 '서동공원'을 거닐며 서동과 선화공주의 사랑 이야기를 들려주었다. 당시는 이곳들이 유네스코에서 세계문화유산으로 지정받기 이전이었다.

익산의 매력을 두드러지게 해주는 국화축제가 끝나고 시간은 놀랍게 흘러 진로를 설정하기 위한 대학원에 진학하기 시작했다. 누구는 본국에서 배우지 못하는 새로운 학문을 배우기 위해서, 어느 분은 조국에 돌아가면 고위공직자가 되기 위한 과정을, 골드미스 일본 선생은 한국의 시조를 좀 더 공부하기 위해 전공을 택했다. 우리의 디나는 역시 '외국어로서의 한국어교육학'을 전공하고자 연세대학원으로 진학했다. 나와는 헤어졌지만 한국에 있는 한 석별이 아니었다.

디나는 열심히 공부해서 「이랍권 학습자를 위한 한국어 말하기 교재개발 방안연구」로 교육학석사학위를 받았다고 논문을 보내왔다. '사랑하는 ○○선생님께'라고 쓰여 있었다..

아참, 그 사이에 연세대 교정에서 백양로를 함께 걸었고 언더우드 동상이 있는 건물의 꽃잔디 옆에서 사진도 찍었다. 전주 한옥마을에서는 〈훈민정음 해례본〉을 영인해서 작은 책을 만드는 체험도 했다. 그는 나의 외국인 제자 중 으뜸이요 자랑이었다. 나를 우쭐하게 만들어주는.

 모국으로 돌아간 디나는 주카이로 한국문화원에서 한국어와 문화를 가르친다고 했다. 한국어선생님으로의 첫발을 디디면서 제자들에게 사랑받는 모습을 밴드에 소개하기도 했다. '디나 선생님 사랑해요'라고 새긴 목걸이를 만들어 줬다는 이집트의 한국어 학습자들. 마음 따뜻한 한국어 선생님을 알아보는 제자들이 보였다.
 얼마나 흘렀을까? 한국에 왔다는 것이다.
 한국문학 작품을 외국어로 번역하는 외국인으로 선발되어 작가들을 만나고 있다는 것이다. 활동한 기사를 링크해서 이메일을 보냈다. 박완서, 한강 등 국내의 유수한 작품을 번역하니 내가 읽지 않은 작품도 이미 읽은 한국문학의 고급독자였다. 이즈음 번역자의 자세에 대해 견해를 물어오기도 했다. 그리고 전주에 내려오지 못해 죄송하다는 말을 남기고 훌쩍 날아갔다. 몹시 서운했다.
 그는 치열하게 추구한다. 한국어교수법 지도안 쓰기 공모전에 당선됐다는 기쁜 소식을 전해주고, 한국어교수 채용을 묻기도 했다. 도움주지 못하는 무력감에 안타까운 나날이었다.

 문득 연락이 왔다. 부산이라고. 이번엔 더욱 놀랐다. 한국해양대학교에서 쿠웨이트학생들에게 한국어를 가르치며 아랍어 번역작업을 하는 1년 계약직 교수로 근무하게 되었노라고. 드디어 일을 해내는 위인이었다. 쿠웨이트 학생들이 영어가 안되니 수업 뿐 아니라 학생 관리의 모든 문제를 다 교수가 도맡아야 했다. 그리고 국제교류재단에서 계간으로 발행하는 한국문화 소개지 「코리아나」에 단편소설을 번역하고 있었다. 우리는 아모르디압의 사랑노래에 대해서 얘기하고 디나 교수는 한옥마을을 그리워했다. 부산의 섬, 해양대학교에서 듣는 파도소리와 이따금씩 들려오는 뱃고동 소리를 들을 때 고향생각에 외로움도 깊었으리라. 카이로의 날씨에 비교해 부산의 바닷바람은 외로움과 더불어 아픔이었겠지. 귀국을 앞두고 시간에 쫓겨 한옥마을에 들를 수 없다는 소식에 내가 달려왔다.

태종대에서 바라보이는 해양대는 외로움의 화신. 집과 부모를 떠나와 육지의 한 구석 부산의 기숙사에서 공부하고, 오대양육대주의 일터에서 세파를 헤쳐 나가야하는 이곳 해사대 학생들은 홀로 있음을 가장 두려워하는 세계의 이방인이며 디아스포라들. 사랑하는 제자 디나가 그중에 있지 않은가. 잠시라도 내가 품어주고 싶어서 달려 왔다. 그간의 모든 외로움과 만나지 못했던 안타까움을 사그라뜨릴 수 있을까? 출국 준비로 바쁜 디나 교수를 기다리는 이 시간은, 매혹적인 쵸콜릿 맛이다. 동해의 한 귀퉁이여서인지 바닷물도 초록빛이다.

- 국립 해양대 국제협력관 609호에서

한국어로 맺어진 정든 친구를 보내며
- 몽골 의사 선생님들께

　학기가 끝날 무렵이 되면 유난히 서운한 마음이 된다. 느티나무를 시작으로 단풍이 들고 은행잎이 노랗게 물들기 시작하면 헤어짐이 실감이 난다. 외국인 학생들에게 한국어를 가르치면 학생들이 귀국하기 때문에 더 진한 그리움으로 다가온다.
　몽골 의사선생님들에게 한국어와 한국문화를 가르친 이번 11월도 마찬가지다. 수업이 끝나고 전주로 향하는 도로에는 저녁노을이 붉게 물들고 KBS FM 라디오에서는 〈세상의 모든 음악〉이 시작된다. 해가 지는 쪽을 등지고 동남쪽으로 달리다 보니 나는 자꾸만 백미러로 저녁노을을 흘깃거리며 운전을 한다. 연보라와 주홍이 어우러진 노을의 빛깔은 몽골 선생님들의 따뜻하고 여유로운 마음의 색인 듯하여 노을만 보면 나는 이분들을 그리워할 것 같다.

　우리가 처음 만난 것은 6월 20일. 더위가 제법 기운이 세어지던 여름 날, 오후.

　나는 몽골어로 "새용배노?" 하고 인사를 하며 학습실의 문을 열었다. 어욘토야 선생님의 통역으로 시작한 우리들의 대화에서 열 분의 선생님들로부터 참 신선한 느낌을 받았다. 예의바르고 상냥하며 산뜻한, 그래서 국제신사, 숙녀들을 만나는 기쁨이었다.

　동양의 고전미를 풍기는 친산나(한국이름: 참 마음) 선생님은 내몽골에서 중의학을 공부했다고 소개하여 내게 호허하오터의 추억을 불러 일으켰다. 언제나 차분하고 조용한 가운데 가정사와 자신의 일을 추구하는 여성 전문인으로 보인다.

　이름 그대로 영리함이 돋보이는 아바이(슬기) 선생님은 러시아발레단의 발레리노 같은 멋쟁이였는데 일상에서도 감각이 뛰어나 그분의 연보라색 Y셔츠와 구두의 색을 못 잊을 것이다. 전공한 신경외과 닥터다운 섬세함이 돋보였다.

　세상일에 다양한 관심을 가지며 영화감상이 취미라는 바트나랑(강렬한 햇볕) 선생님은 참으로 친절하며 매사에 적극적인 분으로 보였다. 자신의 미래를 위해 한국어를 배우는 이 기회를 잘 활용하시길 빈다.

두 살배기 아들이 있는데도 전혀 유부남 같지 않은 아마르바트(강한 평화) 선생님은 '한국역사'에 관심이 있어 첫 시간부터 질문을 퍼부었다. 위트와 관념성을 함께 가진 이 선생님은 예절도 바른 분이었다.

"모든 언어는 문화이다. 한국어는 가장 큰 문화이기에 배운다."고 말하는 강한 평화 선생님의 한국어 공부가 날로 발전하여 '한국역사책'을 읽는 날이 하루 빨리 왔으면…….

연수의사들의 맏형, 바트볼드(철강) 선생님은 지긋한 나이답게 여유로움으로 우리 한국어반의 분위기를 감싸 안는 분이었다. 동양의 선사상에 관심이 있다던 그분은 가족 모두(아내, 아들)가 의사인데 한국을 방문한 그분의 가족을 보고 싶었다.

세 살 아들을 친정어머니께 맡기고 용감하게 연수에 참여한 바야르마(행복한 어머니) 선생님은 낙천적이고 명랑한 성품으로 수업시간에 내가 던진 질문에 이해했다고 "으흠! 으흠!"으로 화답하여 수업에 힘을 실어 주었다.

징기스칸의 왕비 이름으로 지은 훌랑 선생님은 내가 '왕비'라는 한국이름을 지어주었다. 어릴 적 우리 동네 언니같이 푸근한 이 선생님은 초등 5년인 1995년에 한국에 온 적이 있다고 했다. 그래서 더욱 언니 같은 느낌이었나? 게다가 '김치 담그는 법'을 제대로 배우고 싶다하니 전생에 한국인이었는지도 모르겠다. 한국어를 왜 배우냐는 질문에 '의무'라고 대답하여 나는 친근감과 함께 막중한 책임감을 느꼈다.

우리의 막내둥이 구엥바타르(영웅) 선생님은 애칭이 '거위'라며 거위 울음소리를 냈다. 그 모습이 어찌나 귀여운지. 수더분한 성품인데 한국어 공부에는 정확함과 예리함이 번득인다. 한국어 발음이 정확하고 열심히 공부했다. 앞으로 발레를 배우고 싶다니 기대가 된다.

과묵한 에르덴바야르(보석) 선생님은 겉으론 표현하지 않지만 완벽주의자의 면모를 갖고 있다. 위트와 해학, 관념적인 부분도 많다. "한국의 노랫말은 어떤 내용이 주류를 이루는가?" 하는 질문에 '사랑'을 주제로 한 내용이 가장 많다고 했다. 한국어를 배운 느낌이 '조화롭다'거나 몽골인들이 한국을 '무지개의 나라(솔롱고스)'라고 한다는데 그 이유를 내가 질문해야겠다.

평화의 별! 엥크촐몬 선생님의 한국이름이다. 웃는 모습이 참으로 매력적인 이 선생님은 "한국어를 사랑한다"고 고백한다. 인이에 특별한 열정과 재능이 있는 분으로 보인다. 영어 실력도 수준급인 것 같다.

선생님들은 1주에 3시간, 목요일마다 실시하는 한국어 시간에 적극적으로 수업에 임했다. 그리고 한국생활에도 열심인 듯했다. 한국어의 기초 부분에서 참고문헌으로 제시한 학습자료도 열심히 풀어서 제출하고, 매시간 초에 실시하는 '받아쓰기'에도 나름대로 노력해서 진전이 있었다. 그리고 세미나 등에 참석하는 날에는 미리 문자 메시지를 보내는 착실함을 보였다. 각자 전공의 연수를 받느라 바쁜 일정 속에서도 한국어에 대한 애정과 성실함으로 수업할 맛이 나게 했다. 교재를 중심으로 하는 수업에서 예습과 복습을 하는 선생님들을 보며 한국어 교수로서의 긍지와 자부심을 맛볼 수 있었다. 그러나 60시간은 한국어를 깊이 가르치기에는 너무 짧은 시간이라 가장 쉽고 간단한 내용을 가르칠 뿐이었다.

한국문화 소개를 위해 김제 지평선 축제에 갔을 때, 즐거워하던 모습들! 활짝 핀 코스모스를 보며 신나게 사진 찍고 재미있었는지, 가을의 특징을 물으면 한결같이 여기저기서 '코스모스'를 연발한다. 한국의 농경문화를 살펴보고 전통음악과 무용, 벽골제의 유래 등을 설명하는데도 성실하고 흥미롭게 받아들였다.

한국의 음식에도 관심이 많아 한국 요리를 배우고 싶어 하는 분들. 김치와 된장 담그는 법을 제대로 배우려 하고, 김치항아리를 몽골에 가지고 가려고 사놓았다는 말을 듣고 나는 놀랐다. 한국의 노래도 배우고 싶다하여 〈아리랑〉을 가르쳤는데, 진도아리랑, 밀양아리랑을 신나게 불렀다. 보건복지부에서 진행하는 수료식에서 부르고 싶다고 열심히 연습하기도 했다.

그뿐이 아니다. 익산의 〈천만송이 국화축제〉에도 가고 싶어 했고 자신이 속해있는 의국과 내게도 국화 다발을 선물하는 멋스러움을 지닌 분들이다. 이분들은 스펀지가 물을 빨아들이듯 한국어와 한국문화를 흡수했다. 적지 않은 외국 유학생과 성인들을 지도했으나 이분들은 정말 오래도록 기억에 남을 분들이다.

수업이 끝나가는 막바지에 선생님들은 자신들의 이름을 한국어, 몽골어, 몽골 고문자로 세 번이나 쓴 귀한 책을 선물로 주셨다. 울란바타르의 유명한 『BADAMKHAND Museum of Art』의 소장품 도록이었다. 우리 아들과 딸이 해외여행을 하면 꼭 박물관을 돌아보고 선물하는 것이 그 박물관의 도록인데 그 사실을 아는 듯이 내게 맞춤 선물을 해 주셔서 너무도 감동이었다. 몽골에 일부러 주문해서 입국하시는 분께 부탁해서 가져온 것이라 했다. 'Go Nomadic'이라 쓰인 접시와 함께 몽골문화를 잘 느낄 수 있는 귀한 선물이다.

내가 선물한 것은 부채인데, 전주의 특산물인 합죽선이다. 합죽선에 각 선생님께 드리고 싶은 그림을 시화와 함께 한국이름을 써 드렸다. 우리는 몽골에서 다시 만나자고 약속하며 악수를 나눴다.

열 분 선생님이 전공분야의 실력을 갈고 닦아 그 분야의 귀한 인재가 되기를 간절히 빈다. 환자의 아픔을 따뜻하게 감싸고, 가족과 조국 몽골을 깊이 사랑하는 멋있는 의사로 성장하시기를.

2013. 11. 30. 이별이 안타까운 한국의 황숙 드림.

섬진강 따라 평사리에

 언제나 한문강독은 부담스럽다. 공부를 다시 시작하면서 잡은 한문책인데 십 수 년이 지나도 한문을 대하면 그 낯설음과 어색함은 좀처럼 가시지 않는다. 아니 햇수가 거듭 될수록 더 주눅이 들고 떨리기만 한다. 그도 그럴 것이 세월에 비례하여 문리가 트이고 번역 실력이 늘어야 하는데 언제나 고추잠자리인 양 얼굴만 빨개진 채 제 자리만 맴돌고 있기 때문이다. 그래도 포기할 수 없는 것은 이 과정을 통해 공부하는 느낌, 새로 알아가는 기쁨이 있기 때문이다. 아니 일 년 열두 달 긴장감으로 토요일을 맞이함으로써 자신에 대해 작은 채찍을 휘두르려는 심산인지도 모르겠다.
 허균의 『국조시산(國朝詩刪)』을 시작한 지 넉 달이 되어간다. 내일은 내가 일부를 맡아 강독을 해야 한다. 미리 범위를 정하기 때문에 시간이 나는 대로 준비를 했는데도 막상 발표 날이 다가오면 잠을 설친다. 어젯밤도 편한 잠을 못 자고 객쩍 없는 꿈만 꾸었다. 친정집을 개조하는 장면으로 어린 시절의 장면이 펼쳐지고 있었다. 게다가 요즘 무리한 탓인지 으슬으슬 춥기까지 했다. 머리도 지끈거려서 활자는 볼래야 볼 수가 없다.

헵시바 친구들의 숙원으로 봄맞이 가기로 한 날. 우리 모임에서 늘 노고를 아끼지 않는 ㅈ씨가 오늘은 '평사리 행'이란다. 좋지! 경남 하동군 악양면 평사리. 지리산 자락의 그곳은 펼쳐진 들판이 주는 편안함과 흙(박경리 선생의 대하소설『토지』의 배경지)이 주는 봄기운이 온몸을 감싸고 도는 곳. 거기에 이십년 지기들에게서 얻는 안락함이 겹쳐 몸과 맘을 치유해줄 수 있는 필요충분조건인 상태였다. 우리는 남원을 거쳐 섬진강변 도로를 달려 어느덧 평사리에 이르렀다. 우수는 지났지만 정월 열사흘날의 바람 끝은 녹록치 않았다. 벌판을 달리던 정월의 바람은 따스한 햇볕을 무색하게 해버렸으나 우리들의 수다에 치여 평사리 집집을 두르고 있는 대숲에 안겨서는 사운대는 소리로 잦아들었다. 차창 밖 멀리 보기로는 벌거벗은 나무였는데 가까이 가니 청매와 홍매가 꽃망울을 매달고 있다. 얼마 만에 밟아보는 흙길인가. 언제 바라보았던 초가지붕인가. 더구나 새로 이엉을 엮어 덮은 노란 초가지붕은 또 다른 느낌의 포근함으로 우리를 맞는다. 돌담에는 크고 작은 마삭과 담쟁이 넝쿨들이 땅 깊은 곳으로부터 물을 끌어 올리느라 분주하다. 군데군데 상점에서는 천연염색의 머플러들이 바람에 춤추고 말린 고구마와 찹쌀 유과, 김부각은 나그네의 입맛을 돋운다. 정월 대보름이 며칠 남지 않아서 말린 고사리 등도 관심을 끈다.

올망졸망 앉혀 놓은 초가집들과, 동네 분들이 직접 사는 삶터가 어울려서 보기에도 좋다. 관광지라기보다는 여느 농촌 마을에 들어선 듯……

나는 베이징의 따관위엔(大觀園)을 늘 머리에 얹고 살았다. 베이징 시내에 청대의 소설 「홍루몽」의 배경지를 실제 크기로 조성해 놓고 소설의 내용 등을 통해 장소를 안내하던 그곳을 관람하고 우리 소설의 배경을 생생히 보여주는 그곳과 그날을 고대해왔는데 오늘 그 현장에 와 있다. 다만 장편 대하소설인데 너무 간략하고 성글게 조성했다. 좀 더 섬세했으면, 하는 마음이 자꾸 입 밖으로 새어 나온다. 최 참판댁의 별당이나 안채, 사랑채를 거닐고, 마루에 앉아 봐도 그 아쉬움에 풍경소리만이 화답한다.

그러나 멀지도, 가깝지도 않게 앉은 산들과 그 산세와 어울리는 기와 지붕선의 아름다움, 야트막한 흙돌담의 기와 그 위를 너울대는 억새풀의 하늘거림은 안타까움에도 불구하고 이쁘기만 하다. 봉오리를 맺은 매화는 서희의 서슬 푸른 아름다움을 담고 새날을 향한 꿈을 키우고 있다. 높이 솟은 뒤란의 굴

뚝은 만주까지 가서 독립운동을 했던 길상의 기상을 닮았고, 만들어 놓은 동네에 자라던 남새는 민초들의 삶인 양 소리없이 자라고 있다.

　우리는 천연 염색으로 한국의 빛깔을 가장 아름답게 옮겨놓은 쪽빛 스카프도 둘러 보고, 치자와 감물로 물들여 우리 피부에 곰살맞게 앵기는 생활한복도 고르며 평사리를 즐겼다. 다만 다음 방문은 매화와 산수유가 피고 들판이 보리밭으로 - 초록으로 - 색칠해지는 어느 봄날로 기약했다. 그때는 황토방에서 소설의 주인공들을 만나 밤새 얘기를 듣고, 동트기 전의 물안개 낀 섬진강부터 돌담에 아롱지는 아지랑이를 쫓아가며 장터의 호박엿도 맛보기로 했다. 진달래와 황토색의 폭넓은 바지를 입고 근처의 차밭 이랑도 거닐어 보리라.

　겨울 햇빛은 치마가 짧아 우리는 갈 길을 재촉하지 않을 수 없었다. 섬진강 가를 달리며 바라보는 악양면의 산자락과 동네들이 이리 아름다운 줄을 이제사 알다니……. 박경리 선생이 소설 『토지』의 배경을 이곳에 잡은 이유를 알 것 같다. 이 산세와 물길, 흙의 모습들이 원천적인 인간사의 다양함을 담을 수 있는 폭넓음을 갖추었기 때문이지 싶었다. 오늘 찬바람도 쐬었건만 돌아오는 길의 내 머리는 말끔해지고 감기 기운도 사라졌다. 평사리 길은 치유의 코스였다.

집에 오자마자 『국조시산』을 폈다.

두류산을 유람하고 화개현에 도착하여 쓴 시(遊頭流山到花開縣作)

바람이 부들 잎 흔들어 그 부드러움을 희롱하니(風蒲獵獵弄輕柔)
사월 화개 땅에 보리가 이미 누렇게 익었네(四月花開麥已秋).
지리산 첩첩 봉우리를 다 보고나서(看盡頭流千萬疊)
외로운 돛단배 타고 섬진강을 따라 내려가네(孤舟又下大江流).

조선조 학자 정여창의 시로서 이곳 두류산과 섬진강의 여행 시이다. 두류산은 지리산의 다른 이름이고, 마지막 연 '대강'은 섬진강을 이른다. 하동이 본관인 시인은 어머니 시묘살이 후 지리산을 찾아가 악양동 부근 섬진나루에 집을 짓고 대나무와 매화를 심으며 평생을 마치고자 했다니 '지리산 천만봉우리를 다함없이 보았다'는 시구가 과장이 아닐 듯하다. 오월의 훈풍 일렁이는 보리밭도 이미 보았을 터이다. 돛단배 타고 섬진강을 따라 강바람을 맞으며 내려올 때 그의 옷자락도 함께 나부꼈을 것이다. 자신의 호를 좀 먹는다는 '좀'이나 '잠자는 늙은이'이라 지을 수 있는 분, "성리학의 근원을 탐구하여 체용의 학을 깊이 연구하였다."는 후세의 평을 받은 학자, 그리하여 주군 성종을 눈물나게 한 이 시인의 인격의 오지랖은 얼마나 넓을까?

동궁 연산은 좋아하지 않았다니 당연한 이치리라. 일찍이 허균은 이 시를 '흉금(胸襟)이 탈연(脫然)해지는 호쾌한 시'라고 촌평한 바 있다. 평사리는 소설 『토지』의 산실이자 시 「두류산을 유람하고 화개현에 도착하여 쓴 시」의 배경으로 나의 가슴이 툭 트인 호쾌한 땅이었다.

프라하의 천문시계를 보고
- 홍대용 선생께 올리는 첫 번째 편지

프라하에 와서 많은 것에 놀랐지만 가장 마음을 흔든 것이 천문시계였습니다. 최초 제작된 해가 1410년이니 600년이 넘었습니다. 조선 건국 후 20년이 못 된 그 시절에 이런 시계를 만들었다니 체코인들의 과학 성과에 놀라움을 넘어 어리둥절했다고 할까요? 그런데 이 시계가 지금까지 보존되고, 정확하게 돌아가고 있습니다! 1410년은 우리 전주의 한옥마을에 경기전이 지어진 해입니다. 하지만 정유재란(1597년)에 불타서 광해군 6년(1614)에 중건되었어요. 우리는 전쟁 통에 잃은 것이 너무도 많습니다.

당대의 모든 기술과 학문, 시대사조가 응축된 이 시계를 담헌 선생님이 보셨다면 어떤 「윤종기」를 쓰실까요? 선생님이 그토록 관심이 많으셨던 시계를 보니 저도 예사로이 볼 수가 없군요.

천문시계는 세 부분으로 되어 있는데 가운데 기호가 많이 있는 부분이 처음에 만들어졌습니다. 1350년 신성로마제국의 카를 4세 재위 시절 프라하는 수도로 지정되며 많은 발전이 이뤄졌지만 도시의 상징물이 없었답니다. 해서 시의회의 주도 아래 시계를 만들기로 결정했는데요, 14세기에 시민들의 의사를 결집하는 시의회가 구성되어 있다는 것도 대단하지요. 백성이 주인이 되어 그 뜻을 모아 표출하는 시의회가 구성된 체코의 사회! 시가지 광장 한 켠에 시의회 청사를 짓고 건물 전면에 시계를 만들어 세운 이 나라. 민주주의 발전 역사를 따로 알아봐야 하겠습니다.

당대 최고의 천문학자, 수학자, 시계장인들을 모아 만든 시계가 바로 천문시계의 가운데 부분이랍니다. 당시의 지배적인 우주관이었던 천동설을 바탕으로 전체의 움직임과 시간을 한 원판 안에 담아냈고 고대 슬라브족, 고대 바빌론과 헬레니즘 문화권에서의 시간관념에 의한 시간을 나타내고 있습니다. 그래서 시계바늘도 하얀 손, 노란 태양 등으로 구분해서 일출, 일몰시간 등을 알려주고 서양 별자리를 표현하기도 했습니다. 태양과 달의 움직임도 표현하고 황도 12궁 영역에서 뻗어 나온 별은 항성시 바늘로 표시했습니다. 남북회귀선, 적도선, 춘분점, 추분점 등의 천문학적 지식들이 숨겨져 있습니다.

　이 이상은 더 쓸 수가 없군요. 제가 이해할 수가 없으므로. 프라하의 천문시계가 대단하다는 소문은 떠들썩했지만 대부분의 유럽인들에게 이런 내용을 이해할만한 지식은 없었습니다. 민중들에게 아스트롤라븀은 전혀 실용적이지 않았습니다. 80년이 지난 1490년 경, 아래쪽에 있는 그림이 많은 부분을 만들어 붙였답니다. 추가된 이 부분은 철저하게 서민들을 위해 설계되었고 농업이 주산업이었기에 농사를 위한 캘린더리움입니다. 원의 가장 안쪽은 프라하시의 문장, 그 바깥쪽은 그림으로 묘사된 황도12궁이 있고 그 다음 그림은 12개월 동안 농민들이 해야 할 일들을 묘사했습니다. 가장 바깥쪽 흰 바탕의 글자들은 날짜와 요일을 조합할 수 있는 숫자와 알파벳, 유럽 성인들의 이름 365가지입니다. 놀랍도록 세심하고 정교하지요.

　여행자들은 천체의 움직임을 담은 아스트롤라븀과 달력 역할을 하는 캘린더리움을 자세히 볼 수가 없고 보이지도 않습니다. 이 시계를 찾는 전 세계의 여행자들 사이에서 사진조차 찍기가 힘들지요. 다만 17세기에 추가된 시계 양쪽의 고딕 기둥에 달린 8개의 인형과 하늘색 창문을 통해 움직이는 예수님의 12제자, 황금 수탁을 열심히 봅니다. 특이하고 의미하는 바가 공감이 가기에, 그리고 움직일 뿐 아니라 시작과 끝이 있으므로! 사람들은 매시 정각에 행해지는 이벤트에 맞춰 이 광장을 가득 채우는 것입니다.

 기둥 아랫줄 가장 왼쪽에 있는 두루마리와 깃펜을 든 인형이 상징하는 것은 진리 혹은 진실, 오른쪽 칼을 든 천사는 정의를 의미한답니다. 망원경을 들고 멀리 가리키는 인형은 탐험 혹은 탐구, 가장 오른쪽 책을 든 인형은 철학이나 학문을 상징하겠지요. 반면 위쪽의 인형들은 부정적인 개념으로 교훈을 주는 것들입니다. 맨 왼쪽 거울을 든 인형은 자만 혹은 허영을, 그 옆 금화주머니를 든 인형은 물질에 대한 탐욕, 모래시계를 든 해골은 죽음 혹은 병, 비파를 든 인형은 향락과 유흥 등, 당시 17세기 인들이 경멸하고 두려워한 것들에 대한 상징입니다.

 매시 정각이 되면 죽음을 뜻하는 해골이 종을 치기 시작하고 모래시계를 90도로 기울입니다. 주변의 인형들도 손에 든 것들을 흔들어 댑니다. 죽음을 기억하고 삼가야할 것들을 상기시키는 것이지요. 또한 가장 나중에 추가된 시계 맨 윗부분의 창문이 열립니다. 창문에는 천국의 열쇠를 쥐고 있는 베드로와 사도 바울을 위시한 예수님의 제자들이 빙글빙글 돌면서 행진합니다. 창이 닫힘과 동시에 가장 꼭대기의 황금수탁이 '꼬끼오' 하는 울음소리를 냅니다. 모든 보여주기가 끝납니다. 인생에는 좋은 덕목, 좋은 일과 어두운 덕목, 나쁜 일이 동아줄처럼 꼬여 일어나지요. 정열의 빨강과 냉정의 파랑이 혼합해져 보라색이 되는 신비를 이 천문시계도 보여줍니다.

모라비아 지역의 올로모우츠 시청사의 천문시계도 500년이 되었는데 지금도 사용하고 있답니다. 시계도 단순하거니와 그 벽면에 장식한 그림에는 아픈 역사가 반영되어 있어요. 2차 대전 후 소련에 의해 공산화가 되면서 기존의 시계 장식을 다 없애고 현실적인 내용으로 교체했답니다. 종교적이고 철학적인 내용이 아니라 인민들의 노동하는 장면으로. 관념에서 현실로 바뀐 것이니 나쁘다고 할 수는 없지만 타국의 지배로 인해 바뀌었으니 억지스럽지요.

홍 선생님!
258년 전 선생님이 베이징에서 마주하셨던 대로 서구의 과학문명과 기술은 대단하지요? 하지만 우리나라에도 당시 위대한 혼천의가 있었습니다. 이곳 천문시계는 홍 선생님이 만드셨던 혼천의와 시계를 합쳐서 인민들의 삶에 편리함을 주고, 인생의 교훈을 실은 인형극으로 뭇사람들을 깨우칩니다. 인간을 사랑하는데 줄기찬 노력으로 지혜를 덧붙여서 시계가 600년이 넘게 존속하게 했습니다. 사랑과 지혜가 시계를 만든 원동력이라고 봅니다. 사람과 진리에 대한 사랑보다 더 큰 것이 있을까요. 천동설에 의거한 여러 종류의 시계를 합하고 예수님의 제자들을 통해 중세의 종교관을 더하여 인생의 교훈까지 설파한 천문시계. 시대를 초월하여 줄기차게 탐구하고 보완한 보헤미

아의 문화와 문명에 갈채를 보냅니다.

　만약 홍 선생님의 혼천의와 나경적 선생의 시계를 조합하고 정학유 선생의 「농가월령가」의 내용들을 훈민정음으로 적어 첨성대 모양으로 만들어서 서울 어딘가에 세웠더라면……. 한국전쟁 이후에도 보수하거나 재건해서 간직했다면, 하는 상상을 해 봅니다. 첨성대에서 별자리도 연구했었고 한글을 만든 위대한 과학성과 애민의 사상이 우리에게도 있었기에 말입니다.

슬로베니아에서 유송령 신부를 추억합니다
- 홍대용 선생께 올리는 두 번째 편지

크로아티아 플리트비체 국립공원을 떠나와 북쪽으로 난 고속도로를 달려 어느새 슬로베니아로 들어섰습니다. 사실 유럽연합국의 국경선을 넘는 것은 우리나라의 도계를 넘는 것과 같아서 들어온 나라 한국영사관의 문자메시지가 아니면 인식하기도 쉽지 않은 일이었습니다. 내 나라, 내 땅을 밟아보지도 못하고 남의 나라를 통해서 백두산을 가야하는 우리로서는 예사로운 일이 아니지요. 부러울 따름입니다.

차창으로 바뀌는 장면마다 유록색과 연초록, 초록으로 이어지는 녹색의 향연으로 마음도 눈도 청량해집니다. 그 가운데서도 중유럽의 내륙국 슬로베니아가 이처럼 친근해지고 정감이 생기는 것은 유송령 신부와 홍 선생님과의 만남에서 연유하지요. 선생님도 처음 접하는 남의 나라, 오랑캐의 나라라고 깔보던 청나라를 그리도 가고 싶어 하셨듯, 이번 여행길에 슬로베니아가 속해있음을 안 순간부터 제 가슴은 두 방망이질 쳤습니다. 그렇지요. 불특정 다수의 나라와 단 한 사람이라도, 지인의 모국은 천지 차이로 다가옵니다. 유송령 신부의 나라, 슬로베니아. 선생님께 망원경으로 태양을 보여주고 파이프오르간을 연주하게 했던 선교사, 유송령 신부.

끝없이 이어지는 초원과 멀리 산등성이의 흰 구름 아래 빨간 지붕의 집들, 그림 같이 이쁜 집들이 옹기종기 모여 있습니다. 그뿐이 아닙니다. 무더기로 모여 있는 마을에는 거의 모두 십자가 첨탑이 있군요. 눈은 재빠르게 첨탑을 옮겨 다닙니다. 찻길의 반대편도 확인합니다. 역시 마찬가지예요. 한눈에 봐도 도시의 웅장하고 화려한 성당이 아닙니다. 단출하고 자그마한, 마을의 지붕과 어깨를 같이하고 십자가만 솟아있는 농촌 현장의 교회였습니다. 마을 사람들과 기쁨과 슬픔을 같이 하는 삶의 공동체. 2018년 기준으로 로마가톨릭이 73.4%, 동방정교회 3.7%, 기타 기독교 0.2%로 77% 이상이 가톨릭을 신봉하는 나라답습니다.

하니 18C에는 어떠했겠습니까? 선생님이 만나신 유송령은 슬로베니아 출신의 예수회 선교사, 신부, 과학자로 본명은 Hallerstein, Augustin von(1703~1771)입니다. 문서에 따라 그의 고국은 독일, 유고슬라비아로 되어 있으나 류블랴나에서 출생하였다는 걸로 봐서 슬로베니아가 정확한 국적입니다. 당시에는 신성로마제국의 국민이라고 알려지기도 했지요. 일제 식민지 시대에 손기정 선수의 국적이 일본이었던 것과 같은 현상입니다. 약소민족의 동병상련을 느낍니다.

1721년, 18세의 나이에 예수회에 입회하였습니다. 질풍노도와 같은 10대를 어찌 극복하고 자기 삶의 방향을 수도자로 정했을까요. 아마도, 아마도 대대로 믿는 가톨릭 집안에서 태어나 자연스럽게 사제서품을 받고 가톨릭 자체 개혁의 시대적 분위기에 따라 예수회에 입회했을지도 모르겠습니다. 이렇게 상상하는 것은 그분의 인간적 고뇌를 가벼이 하려는 순전히 저의 심리적 위안이지요. 이들 예수회의 선교는 '이 세상 모든 곳에서 역사하시는 하나님을 발견하는 것'으로서, '선교지의 토착문화는 살아서 현존하시는 하나님을 발견할 수 있는 선교의 접촉점이었다'고 요약됩니다. 이 요지는 하나님의 아들이신 예수님께서 이 땅에 사람의 모습으로 태어나신 성육신 사건의 현현으로 볼 수도 있으니 당연한 이치라고 여겨집니다.

유 신부는 오스트리아와 포르투갈 리스본에서 공부한 뒤, 중국의 선교사로 임명되었습니다. 머나먼 동방, 사고방식과 생활환경은 물론 언어와 문자가 유럽계와는 판이한 중국에 대해 어떤 생각을 하며 중국행을 결단했을까요? 선교지의 토착문화를 존중하는 예수회의 선교적 특징은 인도, 중국 등의 해외 선교 방면에서 두드러지게 나타났는데요. 20대에는 '순명'을 몸에 익히며 중국생활을 준비하고 훈련을 계속 했겠지요. 마테오리치(1552~1610)나 아담샬(1591~1666)을 대표로 하는 중국에 처음 온 예수회 선교사들을 본받아서요. 그분들은 동양문화를 인정하여 유교문화에 대한 적응력과 개방성으로, 과학적 지식과 다방면에 걸친 학식에서 우러나오는 교양과, 선교를 위한 인내심과 친절한 성품으로 중국인들의 마음을 얻고 존경을 받았습니다. 이렇게 쉽게 말하는 제가 부끄럽네요. 얼마나 노력했으면 몸에 배인 교양으로 중국인을 감화시켰을까요?

　1738년(35세) 드디어 마카오에 도착합니다. 이제는 중국 땅에 뼈를 묻을 각오까지 했겠지요. 중국 강건성세의 명군 건륭제는 인물을 알아봅니다. 이듬해부터 천문역산서의 편찬에 유 신부를 참여시킵니다. 예수회보다 뒤늦게 중국 선교에 나선 도미니크회와 프란체스코회는 예수회를 비난했고, 오랜 논쟁과 갈등 끝에 1742년 교황 베네딕토 14세가 반포한 교서에 따라 예수회의 선교방식이 최종 금지되었지만 1746년 쾨글러(중국명은 대진현)의 뒤를 이어 흠천감 감정의 중책을 맡깁니다. 서양 과학과 기술을 인정한 청나라의 황제들은 이방인들을 국가 요직에 과감하게 등용합니다. 그 포용성이 존경스럽습니다. 생활은 베이징 남천주당에서 했지요.

드디어 1766년, 조선에서 온 홍대용 선생님을 남천주당에서 맞이하여 서학(가톨릭교)에 대해 토론하고 서양 과학기술에 관한 지식을 전해주었습니다. 고가이슬(포우관) 신부와 함께. 얼마나 진지하고 소중한 만남이었던지 홍 선생님은 필담을 나눈 대화를 〈유포문답〉이라는 이름으로 남깁니다. 기록은 위대합니다. 257년 후 한 독자는 유송령 신부의 고국 땅을 디디고 그분이 호흡했을 공기와 물을 마시는 내내, 한 사나이의 삶을 묵상합니다. 일신상의 모든 것을 버리고 동방에서 하나님의 뜻을 이루는데 헌신한, 그분 한 사람만으로도 그분의 고국을 사랑하게 되었습니다.

　홍 선생님! 선생님께서 귀국하셔서 연행록을 열심히 쓰시던 5년 후 가을, 유송령 신부는 하나님의 부르심을 받았습니다. 가을이 아름답다는 베이징에서. 이 세상에는 저서 『의상고성』 (Kogler, Gogeisl 공저) 등을 남기고요.

　담헌 선생님!

　햇볕 잘 드는 알프스, 나라의 절반이 숲인 나라! 율리아나 알프스는 이탈리아 북동부에서 슬로베니아까지 걸쳐 있는 산악지대를 말하며 이 산지의 상당부분은 트리글라브 국립공원에 포함되어 있습니다. 이 트리글라브 봉은 세 봉우리로 가장 높은 봉우리는 2,864m인데 슬로베니아의 상징으로 국기에 그려져 있는 사랑받는 산입니다. 초기 슬라브인들은 이 봉우리가 하늘과 땅과 지하세계를 다스리는 머리가 셋 달린 신의 집이라고 믿었다지요. 트리글라브를 오르지 않으면 슬로베니아 사람이 아니라는 말이 전해질 정도랍니다.

또한 발칸의 녹색 정원, 슬로베니아는 인구 200만의 작은 내륙국으로 1991년 유고슬라비아 내전 후 독립했습니다. 수도 '류블랴냐'는 이름 자체가 '사랑스런 도시'의 뜻이라네요. 유 신부는 고향 류블랴냐가 얼마나 그리웠을까요. 야트막한 구릉 하나 없는 베이징에서 트리글라브 봉은 또 얼마나 오르고 싶었겠어요. 20km가 넘는 포스토이나 동굴은 또 어떻구요? 그분도 인간인데요…….

슬로베니아는 내륙국가로 호수밖에 없는데 '알프스의 눈동자'인 블레드 호수 안에 블레드 섬이 있습니다. 그 정경이 얼마나 아름다운지 그림 한 폭 또는 사진 한 장 같아요. 블레드 호수는 보힌 빙하의 후퇴작용으로 형성되었는데 환경보호 차원에서 엔진으로 구동되는 배의 운행을 금지하고 있습니다. 총 둘레가 2km가 넘는 호수를 나룻배를 타고 블레드 섬에 들어갑니다. 합스부르크 왕가 마리아 테레시아 여왕의 명으로 '플레트나'라는 이름의 나룻배를 23척으로 정해서 운영권도 가문을 정해 줬다고 하니 참 세심하기도 하네요. 건장한 청년이 혼자서 노를 젓는 배에 10여 명이 탔습니다.

블레드 섬은 현지에서는 '블레이스키 오토크'라 불리는데 그 안에 작은 교회만 있습니다. '성모승천 교회'. 블레드 섬의 이 교회에서 결혼식을 올리는 게 이 나라 청춘남여의 로망이라네요. 선생님은 육지에도 교회가 많은데 실용성이 없는 그런 쓸데없는 풍조가 문제라고 호통을 치실 듯하군요. 하지만 저는 결혼식 이야기를 들으니 또 유 신부님이 생각나서 가슴이 먹먹해지네요. 그분인들 결혼을 생각하지 않았겠습니까?

나룻배를 매어두는 곳에서 교회 뜰까지 99계단이 있어서 신랑은 신부를 안고 오르나봅니다. 저는 이 풍광을 보며 엉뚱하게도 '강벽조유백 하니 산청화욕연이라'는 두보의 시가 떠올랐습니다. '강물 빛이 푸르니 새가 더욱 희고, 산은 푸르고 꽃은 타는 듯이 붉구나'라는 절구를 익히 아시지요? 강물은 코발트색, 산은 비취색으로 푸른 것이 다르고 새는 신랑의 품에 안긴 웨딩드레스의 신부. 지금 보이는 이 곳 블레드 섬의 풍광이 바로 시 속의 그림입니다. 다만 웨딩드레스의 신부가 새처럼 가벼워야지 신랑은 99계단을 무난히 안고 들어가 결혼식을 올릴 것입니다. 아니 건장한 신랑에게 어여쁜 신부는 '더욱 흰 한 마리 새일 것'임에 틀림없습니다.

여행안내인은 어제부터 신랑들은 팔운동을 해서 힘을 기르시고, 아내들은 가장 예쁜 옷을 입고 나오시라고 주문을 했던 터입니다. 계단의 거의 끝에 다다르자 오른팔을 살짝 거들며 "안고는 못 왔지만 성의를 봐 달라"고 말하는 흰머리 저의 서방님을 어찌하리오.

젊은 나이에 살해당한 블레드 성주였던 남편을 위해 아내

'폴릭세나'가 전 재산을 팔아 종을 만들어서 이 '성모승천 교회'에 봉헌하려 했답니다. 그러나 종을 싣고 섬에 들어가던 배가 폭풍우로 인해 침몰해버렸습니다. 상심한 폴릭세나는 수녀가 되었대요. 이 이야기를 전해들은 교황이 종을 새로 만들어서 1534년 걸어줬습니다. 닳아서 뭉퉁해진 그녀의 동상이 성당 한 쪽에 서 있었습니다. 가여운 폴릭세나, 착한 신부여!

그래서 이 종탑의 종이 '소망의 종'이 되어서 종을 울리면 소원이 이루어진다는 전설이 생겼나봅니다. 둔탁하지만 성스런 종소리는 메아리가 되어 호수의 물결을 따라 울려 퍼졌습니다. 종을 치는 것이 훨씬 적극적인 행위로서 간절함이 더할 것이지만 이 종소리를 듣고 소원을 빌어도 이루어진다는 '다른 설'도 있습니다. 교회 뒷문에 종탑으로 올라가는 계단이 있으며 종루와 연결된 줄이 바닥까지 늘어뜨려져 있었으니까요. 몇 유로를 내야만 종을 울리게 되어 있었습니다. 성당에서 타종료를 받는 것이 꺼림직했던 나라 서는 종소리를 들을 때 소원을 빌면 이루어진다는 이설을 믿기로 했습니다. 감사하게도 섬을 한 바퀴 돌며 15분가량 걷는 동안, 또 배를 타고 나오는데 두어 번의 종소리를 들었지요. 저는 열심히 소원을 빌었으므로 모두 이루어질 것입니다. 믿는 대로 될 지어다!

이번에 가 보지는 못했지만 유 신부의 고향 류블랴냐에 대해 잠깐 소개할게요. 류블랴냐는 아시아와 유럽문화의 조화로 용을 숭상하여 시내 한복판에 용 조각상이 있답니다. 황제를 용으로 숭상하는 중국문화에 대해 이해를 잘 했겠어요. 낭만시인인 프란체 프레셰렌은 낭만주의 영향을 받은 민족적인 시를 통해 슬로베니아인들의 민족의식을 고취하였는데, 그의 시 「축배」는 슬로베니아 국가의 가사로 쓰인답니다. 평생 '율리아나'라는 처자를 마음에 품고 시를 씀으로써 사랑을 간직했습니다. 광장에 세운 그 시인의 동상 눈길이 닿는 곳에 율리아나의 얼굴 부조를 해 놓았으니 자타가 공인하는 연인관계지요. 홍 선생님도 혹시 그런 처자가 있으셨는지요?

슬로베니아에서 한국학 교육과정이 설치된 곳은 류블랴나 대학교로 2012년부터 시작되었습니다. 한국학과는 인기학과 중 하나로, 2019년 기준 50명의 학부생이 재학 중입니다. 한국문학, 한국문화 등을 가르칩니다. 또한 2014년부터 류블랴나 대학교에서 '한국어 말하기 대회'를 연례 개최하는 등, 한국어와 한글의 위상은 점점 높아지고 있습니다. 홍 선생님께서 천대받던 언문을 사랑하여 한글로 쓰신 『을병연행록』의 전통을 잇는 노력을 후손들도 길이 받들고 있습니다. 선생님의 혜안에 놀라고 고마워합니다.

담헌 선생님! 유 신부님의 조국 슬로베니아에서 두 분을 회억할 수 있어서 행복한 시간이었습니다. 부디 하늘에서 우리 대한민국과 후손들을 보우하소서.

맑은 향이 잔에 지는 고을
- 정읍

〈아우는 7월 초에 왕의 은명을 입어, 태인 현감에 부임되었습니다. 현은 수도의 남쪽으로 6백 리쯤 떨어진 곳에 위치하고 있는데, 지역은 사방이 40리요, 호수는 8천 호에 불과하나 본래부터 번화한 곳으로 이름이 났습니다. 서류 정리에 골몰하여 부임한 지 수월 만에 수염과 머리털이 더욱 희어졌습니다……. 나만 어버이의 연세가 날로 높아시시는데, 이 한 성을 맡은 현감이 되어, 봉양을 해드리게 되니, 옛사람의 '고을 원 되는 기쁨'이 진정 근거 없이 전해진 것이 아닙니다.〉
- 중국인 손용주에게 보낸 편지 중에서 -

내가 좋아하는 18세기 실학자 홍대용 선생은 1777년 7월, 전라도 태인 현감으로 제수되었다.(현재의 정읍시에 속한 면단위 행정구역이다.) 수만 석의 양곡수매와 방출, 수천 경의 조세 부과, 부역 관리, 제방의 공사와 설계, 선비를 양성하는 교육, 치안 유지를 위한 경비, 8천 호구의 생명과 고락을 한 몸에 담당하고 몹시 마음 상하고 어려움을 느꼈다고 친구에게 편지로 토로하고 있다. 담헌 선생이 우리 전북 정읍지역에서 지방관을 하셨다니! 그분이 밟았던 땅, 거닐었던 유적지, 만났을 옛 사람들이 궁금해졌다. 연꽃 피는 시절, 정읍시 태인과 부근의 칠보를 찾았다. 언제나처럼 답사 길은 신바람이 난다.

담헌 선생도 이 여름에 이곳 태인에 부임했을 것이다. 47세의 다소 많은 나이에 식솔을 거느리고 태인 동헌의 안쪽에 있는 내 동헌에 이삿짐을 풀었겠지. 한양과 고향 천안을 오가며 살았던 담헌이 외직으로는 처음으로 태인 현감으로 부임했다. 사법, 행정을 아우르는 지방관이라 부담이 적지 않았을 것이고 농업이 주 산업이던 때, 비교적 농토가 넓은 호남평야 지역이라 일도 많았으리라. 해서 중국 친구에게는 '수염과 머리털이 더욱 희어졌다'고 우는 소리를 했다.

태인현은 여러 면에서 멋진, 향기가 진한 고을이었다. 사람의 향기, 역사의 향기, 꽃의 향기. 해서 문화의 향이 누리에 두루두루 배어 있었다. 담헌에게 무척 잘 맞는 고장으로 보인다. 우선 동헌에서 조금만 걸어 나가면 호남 제일의 정자 '피향정'을 만난다. 신라 말기 태산군수로 부임한 최치원이 연못가를 거닐며 풍월을 읊었다는 전설이 있는 이곳 연꽃 방죽, 상연지와 하연지. 연꽃을 '정우(淨友)'라 하는데, 은은한 연꽃향이 스치는 피향정에 앉아 중국 서호를 상상하며 10년 전에 만났던 친구 엄성, 반정균, 육비를 그리워했을 것이다. 서로 의형제를 맺은 그들을.

태인현의 관할지에 속하는 무성서원. 서원의 보편적인 가치는 자연과 인간의 조화, 인성교육의 본산이라는 데 있다. 서원에서 추구하는 '선비'는 시대가 변해도 바뀌지 않는 한국의 이상적인 인간상, 남성상이라고 할 수 있다. 바로 담헌이 추구하는 인간화의 교육이 무성서원에서 행해지고 있었으니, 특별한 애착을 갖지 않을 수 없었을 것이다. 인간적인, 가장 인간적인 조선 선비 담헌이 말이다.

무성서원은 여러 면에서 특이한 매력을 지닌 곳이다. 대개의 서원들이 그 지방 출신의 위대한 인물들을 배향하였는데 이곳은 그 지역에 선정을 베풀었던 지방관을 배향하던 서원이다. 신라시대의 최치원(857~?)이 태산군수의 직책을 하도 잘 남낭하여 생사당을 짓고 배향하던 것에서 연유한다. 또한 1483년 정극인(1401~1481)이 세운 '향학당'이 있던 현 위치로 옮긴 후, 태인 현감 신잠(1491~1554)이 7년에 걸쳐 선정을 베풀어 지역의 학문을 발전시키고 떠나자 유림들이 이를 기리는 생사당을 세웠다. 얼마나 지역민들을 위하고 정치를 잘했으면 살아있는 인물의 사당을 짓고 고마움을 표현했을까?

그 후 1696년 숙종이 '무성서원'이라는 이름을 새긴 현판을 내려주어 사액서원이 되었다. 대원군의 서원 철폐령에도 훼철되지 않은 전북 유일의 서원이다.

담헌 선생은, 이 무성서원에 배향할 때면 이런 현감들의 치적 때문에 은근한 부담감으로 머리칼이 희어졌지 않을까? 최치원, 신잠 외에도 정언충, 김약묵, 김관 등 주로 고을 수령들을 배향하는 이곳은 정녕 담헌의 어깨를 짓눌렀을 법하다.

일반적으로 향교가 고을의 중심에 위치하는 반면, 서원은 고을과 떨어져 학문과 수양하기 좋은 곳에 자리하고 있다. 그러나 무성서원은 정읍 칠보산 아래 무성리 원촌마을 한가운데 위치했다. 민가와 담을 맞대고 오순도순 앉아 있었다. 교육뿐 아니라 소통의 공간이기도 했던 것이다. 무성서원은 단아하고 검소한 분위기의 단출한 건물 배치의 특징도 보였는데 특히 기억해야할 일이 있다. 을사늑약이 체결된 이듬해 1906년, 최익현 선생과 제자 임병찬이 일제의 침략에 항거하기 위해 이곳 무성서원에서 호남 의병을 최초로 소집한 역사의 현장이기 때문이다.

이후 최익현 선생은 대마도로 유배를 당하고 임병찬 선생은 스승의 마지막까지 함께해서 「대마도 일기」로 호남 의병장의 최후를 증언하고 있다. '의병의 거점'이라는 점이 '향학을 통한 향촌 교화 장소'라는 점과 더불어 한국의 서원 중에서 무성서원의 역사적 가치를 두드러지게 하는 특징이다. 우리나라의 서원 648곳

중 무성서원을 비롯한 아홉 곳이 2019년 7월 유네스코 세계문화유산에 등재되었으니 이곳이 얼마나 소중한 곳인가.

　고즈넉한 무성서원을 나와 마을 둘레길을 따라가니 불우헌 정극인 선생의 동상과 「상춘곡」 가사비가 기다리고 있었다. 무성서원의 지척인 곳, 이 마을이 국문학사상 최초의 가사가 탄생한 문학의 요람이었다. 「상춘곡」은 이곳 원촌마을 앞을 흐르는 냇가에 초가집을 짓고 봄경치를 완상하는 풍류생활을 노래한 서정가사로 한글이 문학작품에 사용되기 시작한 중요한 계기가 되었다. 한문 서적만 읽고 배우던 유생이 한글로 자기 삶을 노래했다는 것은 그분의 삶이 서민들의 느낌과 생각에 맞닿아 있다는 것을 의미하지 않는가. 고전문학사에서 그의 유명한 최초의 가사, 「상춘곡」을 읊으며 경내를 돌아본다.
　정극인 선생은 일찍이 생진사에 합격하여 성균관에서 수학하던 유생이었다. 그런데 세종 임금의 내불당을 짓는데 대학생을 이끌고 부당함을 항소하다가 왕의 노여움을 사서 귀양길에 오른다. 북도에서 귀양살이를 마친 후 처가 동네인 이곳 태인 고현에 들어와 학당을 세우고 향약을 만들고 후진들을 교육하였다. 시골의 보통사람들과 함께 기뻐하고 함께 슬퍼한 것이다. 〈태인 고현동향약〉은 퇴계의 예안 향약(1556년), 율곡의 서원 향약(1571년)보다 81년이나 앞선 1475년 10월에 창설하여 실시한 우리나라 최초의 향약이었다. 더구나 이 향약이 논의되고 기록되던 장소인 '동각'을 지어 기록물 32책을 보관하여 모든 것을 증거하고 있다. 지식인들이 지역민들을 계몽하고 의식화하여 향촌의 자치를 이끌어내고 전통예절과 미풍양속을 계승, 발전시켜왔음을 알 수 있다.

이 뿐만 아니다. 뚜렷한 역사의식과 애국심으로 국가의 존망의 위기에 그 역할을 다한 이 지역의 선비 안의(1529~1596)와 손홍록(1537~1610)의 충의는 더 말할 나위가 없다. 임진왜란 때 유실될 뻔했던 전주사고의 '조선왕조실록'과, 태조의 영정을 내장사 용굴암으로 안전하게 옮겨 보존한 분들이 이 지역 출신이다. 전쟁이 소강상태에 빠지자 왕명을 받고 왕조실록을 다시 충청도 아산으로 옮겼다. 1597년 정유재란 때는 아산에 있던 왕조실록을 묘향산 보현사까지 옮겼다. 이 전주사고본 실록이 유일하게 보존되어 우리의 역사를 전해주고, 1997년 유네스코 세계기록문화유산으로 등재되어 인류가 보전해야할 유산으로 빛나고 있다. 모두 소실될 뻔한 명종 이전의 역사가 지금까지 전해 내려오게 된 것은 안의와 손홍록 등 이 지방 선비들의 충절 때문이었다. 자신과 가족의 안위가 위태로운 지경에 역사를 보전한 선비정신이야말로 시대를 초월하여 길이 받들어야할 가치라고 여겨진다. 해서 칠보(七寶)면에는 무성서원, 왕조실록 보존사건, 고현 향약, 상춘가곡, 공신녹권, 단종비 송씨, 칠보

수력발전소의 일곱 가지 보배가 존재하였다.

또 하나 놀랍고 독특한 문화의 저력은 태인의 「방각본」에 있다. 일반적으로 인쇄출판계에서 전주의 「완판방각본」이 유명한데 17세기 태인 지방에서 손기조·전이채·박치유 등 아전 출신의 인사들이 간행한 책이 방각본의 원류라고 문서는 증거하고 있다. 그 후 18세기에 들어와서 그 주류가 전주 지방으로 옮겨가 전주의 방각본을 형성하여, 경판본과 쌍벽을 이루는 완판본으로 유명해진 것이다.

이 정읍 지역이야말로 지역의 지식인이 솔선수범하여 후세대를 교육하고 당대인들과 즐거움과 슬픔을 함께 나누는 살맛나는 세상을 만든 곳이다. 신분의 계급이 뚜렷하던 시절, 지식인 양반층의 깨어있는 선각자들이 백성의 마음을 어루만지고 삶의 모범을 보였을 때 민중 또한 이들의 노고를 이해하고 뜻에 화합하여 함께하는 대동 세상을 만들었다. 그리하여 조선역사를 지키고, 의병활동으로 나라를 위하였으며 민중을 교화하는 출판문화를 통하여 문화를 향유하는 전통을 형성해 왔음을 알 수 있다. '맑은 향기는 잔에 지고~' 정극인 선생의 노랫가락이 이 정읍지역의 정체성이 되었다.

문화의 전승에 대한 짧은 생각

 올봄 실학자들의 고향과 유적지를 찾았는데 오미크론 상황 속에서 상우*는 시공을 초월해서 기쁘게 할 수 있는 거의 유일한 일이었다. 그러나 그분들의 국리민복을 위한 의지와 업적, 후세에 끼친 영향에 비하면 너무도 소홀한 대접에 후대인으로서 부끄럽고 민망할 뿐이었다.
 전북 순창이 낳은 실학자 여암 신경준(1712~1781) 선생의 발자취를 찾았다. 선생은 『훈민정음 운해』를 써서 한글의 음운학적 연구를 처음 시작한 분으로 한글이 세상에서 가장 우수한 문자라는 사실을 밝혀낸 분이다. 이 책은 훈민정음이 반포된 이래 최초의 국어 음운연구서이다. 또한 여암만큼 다방면에 걸친 지리학 저술을 남긴 사람은 없다. 『강계고』는 우리나라 역대의 강계와 지명 등을 고찰한 역사지리서로서 일본, 대만, 유

구국(오키나와), 섬라국(태국) 등도 별도 항목으로 설정되어 있을 정도였다. 백과사전식의 연구서를 쓰신 후기 호남 실학자의 고향 순창을 이제야 찾았으니 통탄할 일이다. 내가 그렇듯이 '신경준 선생의 생가, 귀래정'이란 팻말은 있으나 들어갈 입구는 표시도 없다. 그러기에 봄까치꽃은 온몸으로 우리를 반기고 매화는 탁한 공기에도 향기를 발할 수 있었는지도 모를 일이다. 이곳은 사람의 자취가 너무도 그리운 곳.

  신경준 선생의 11대 조상인 신말주 선생의 『십로계첩』과 설씨 부인의 『권선문첩』 등도 있고 혜원 신윤복 화원의 그림도 많은데 한 편을 볼 수 없었다. 고령 신씨 가문의 누대에 걸친 훌륭한 예술품이 많으니 전시하여 일반인들에게 보이고 귀한 조상들의 유품을 선양하지 못하는 현실이 너무도 안타까웠다.

  개나리, 목련이 땅과 하늘을 수놓은 봄날 오후, 이재 황윤석(1729~1791) 선생의 생가를 찾았다. 이재 선생은 영·정조 연간에 전북 고창에서 태어나 활동한 대표적인 실학 사상가이다. 그는 서양 문물을 접하고 자명종을 분해하여 연구할 만큼 신문물에 대하여 적극적이었다. 동네 어귀에 표지판이 있어 골목을 따라 들어가니 대문이 보였다. 홍대용, 신경준 선생과 교유하고 김원행에게서 배운 '호남실학의 대가'라고 소개되어 있다.

  가옥 내에는 『이재난고』 등 문집 50책이 전북 유형문화재 제

112호로 지정되어 있다. 『이재난고』는 선생이 10세부터 시작하여 63세 죽기 전까지 보고, 듣고, 배우고, 생각한 문학·산학·예학·도학·지리·역상·언어학·예술 등 인류생활에 이용되는 실사를 총망라하여 일기 또는 기사체로 쓴 것으로, 6천장 57책으로 되어 있다. 해서 전북대에는 〈이재연구소〉가 설립되어 『이재만록』을 완역 출간하고 그분의 삶과 학문의 세계를 탐구하며 연구의 저변을 확대하는 활동을 전개해 왔다.

안채 정면에 '월송세적시례구가(월송이 시와 예를 대대로 쌓은 옛집)'라는 익숙한 글씨체의 황욱 선생의 휘호가 붙어 있다. 월송은 황윤석 선생의 다른 호이다. 그리고 '원손 욱 근서'라고 했는데 서예가 석전 황욱(1898~1992) 선생이 다름 아닌 황윤석 선생의 7세손이었던 것이다. 해서 이 집은 두 분의 생가이기도 했다. 도포에 탕건을 쓰고 왼손 악필로 글씨를 쓰던 석전 선생의 모습이 떠오른다. 생가에서 실학자 이재 황윤석 선생과 서예가 석전 황욱 선생을 한 번에 만난 봄날의 행운이었다. 역시 박물관과 전시관이 있었으면 한다.

전통은 묘한 끈질김이 있다. 전남 화순군 동복면 야사리에 규남 하백원(1781~1845) 선생의 실학사상의 결과물들이 각종 기기로 전시되어 있는 '규남박물관'이 있다는 신문기사를 보고 차를 몰았다. 그러나 코로나19 사태로 박물관은 휴관 중. 박물관 주변의 대여섯 채의 한옥이 그림인 듯 아름답다. 이 한옥들은 규남 선생 후손들이 모여 사는 곳이라고 누군가 귀띔을 해준다. 중요한 유품은 국립중앙박물관에 보관되어 별로 볼 게 없다는 후손 하창래 이사의 말씀이셨다. 그러나 개인박물관의 소중함과 귀함을 아는 나는 전시실인 '천공관'에 들어갈 수 있었다.

  규남 선생의 발명품인 '자승차'의 구조와 직접 그린 동국전도와 만국지도 등이 전시되어 있었다. 규남은 30세 되던 1810년, 자동양수기인 『자승차도해』를 저술하였는데 그가 이룩한 업적 중에서 가장 주목할 내용이다. 그 이듬해는 우리나라 지도 발전 과정에 중요한 의미를 지니는 『동국지도』를 완성하였다고 한다. 약 100만:1의 축척으로 남북 1.1m 크기이다. 거리와 방향의 위치 정보의 측면에서 우리나라를 근대의 측량지도와 비슷한 수준으로 정확하게 그린 대형지도이다.

  규남박물관은 2012년에 설립되어 한옥의 고색창연한 아름다움과 품격이 돋보였다. 전시관인 천공관에 '수졸헌'이란 현판이 보존되어 있었다. 당호인 '수졸헌'의 뜻대로 인간 본연의 자세를 변치 않고 우직하게 지키며 겸손함을 지니고 사는 하씨 문중. 이 당호의 정신이야말로 가학이 누대에 걸쳐 발전해 올 수 있는 정신적 지주였을 것이다. 기록은, 글쓰기는 사랑하는 사람을 불멸화하는 작업이라는 사실을 규남가의 문집과 보존한 도서들에서 확인하며 님들의 노고에 감사드린다.

역사는 풍화되고 사라지는 것이 아니라 화석처럼 단단히 남아 영원히 죽지 않고 오히려 새롭게 태어난다. 역사는 미래다.

선진국 대한민국의 문화적 위상에 걸맞도록 문화재의 선양을 기대한다. 몇몇 연구자만 읽는 저서가 아니라 온 국민이 향유하는 문화재가 되려면 우선 보여주고 읽혀야 한다. 새 정부의 문화정책에 간절하게 기대하는 마음을 성글게 펴 보였다.

*상우: 책을 통하여 옛 사람을 벗으로 삼는 일.